지구

글 캐서린 브레리턴 | 그림 커스티 데이비드슨 | 번역 김지선

Published in 2022 by OH!, an Imprint of Welbeck Children's Limited, part of Welbeck Publishing Group
All rights reserved. No part of this publication may be reproduced, stored in a retrieval system, or transmitted in any form or by any means, electronically, mechanical, photocopying, recording or otherwise, without the prior permission of the copyright owners and the publishers.
Design, illustrations and original English language text © Welbeck Children's Limited 2022
KOREAN language edition ⓒ 2023 by Forest With You Publishing Co.
KOREAN translation rights arranged with Welbeck Publishing Group through Pop Agency, Korea.

지구

글 캐서린 브레리턴 | 그림 커스티 데이비드슨 | 번역 김지선

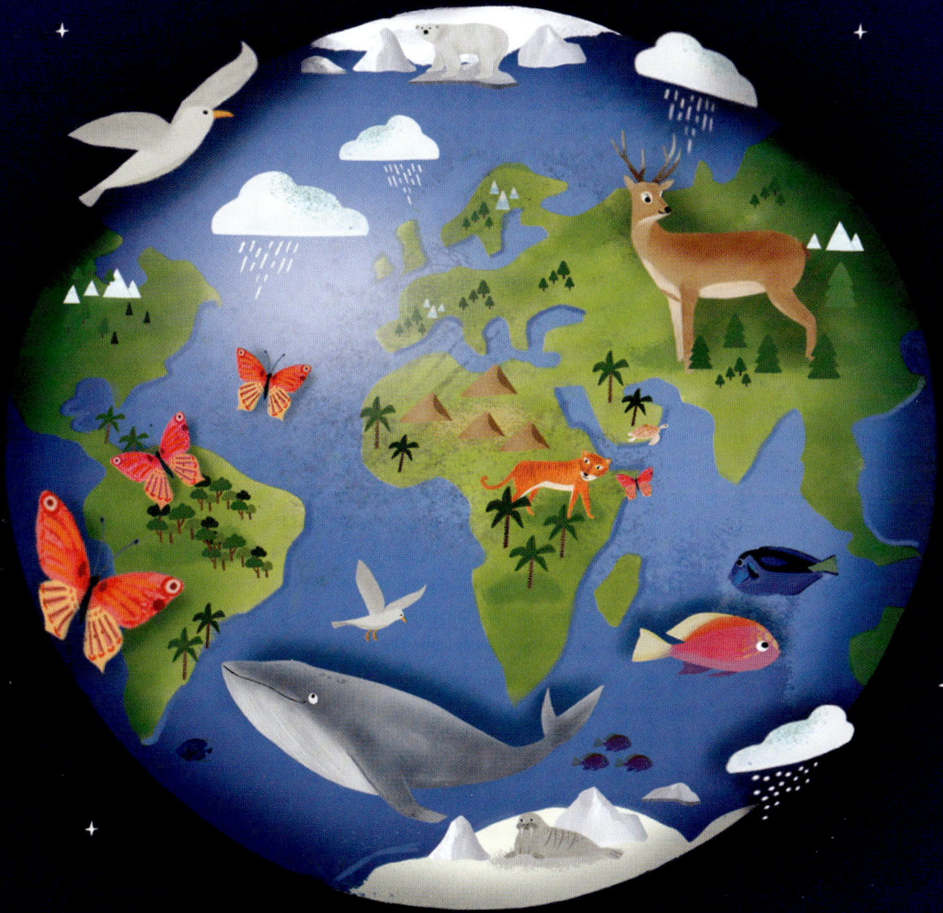

너와숲

목 차

우주 속의 지구
9

지구 속 들여다보기
27

물과 날씨
53

땅과 바다
75

지구의 생명체들
101

우리 행성의 사람들
127

지구를 탐험하러 출발!

이 책은
지구 행성에 관한 지식으로
꽉꽉 차 있어요.

우리가 사는 집, 지구는
우주에 떠 있는 거대한 바위투성이 공이에요.
그중 3분의 2는 물로 뒤덮여 있지요.
지구의 가장 특별한 점은
생명체가 살고 있다는 거예요.

이 책에서 여러분은

우주에서 온 바위,
비행기가 뜨지 못하게 만든 화산,
한때 상어들이 길거리를 헤엄쳐 다녔던 도시,
매년 지구의 이 끝에서 저 끝까지 왕복하는 새,

그리고 그 밖에도
아주 많은 사실을 알게 될 거예요.

우주 속의 지구

The Earth in Space

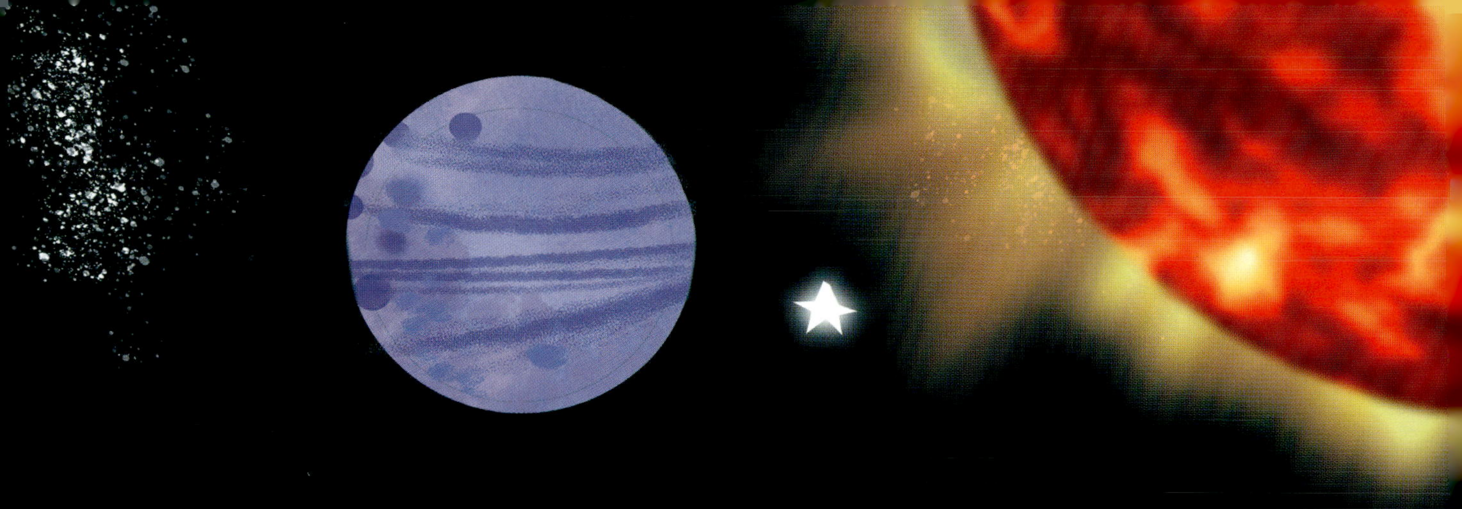

지구는 태양 주위를 도는
여덟 개의 행성 중 하나예요.
수성과 금성, 그리고 지구와 화성은
금속과 돌로 이루어진 거대한 공이에요.
목성과 토성, 그리고 천왕성과 해왕성은
주로 기체로 이루어진 거대한 공이에요.
태양과 모든 행성과 달,
그리고 그 주위를 도는 모든 천체를
뭉뚱그려 태양계라고 해요.

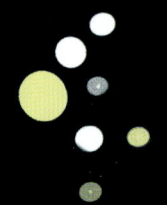

지구의 가운데 둘레는
약 4만 킬로미터이고,
겉넓이는 약 5억 1000제곱킬로미터예요.

지구는 공처럼
완벽하게 둥글지 않고
가운데가 아주 약간 부풀어 있어요.

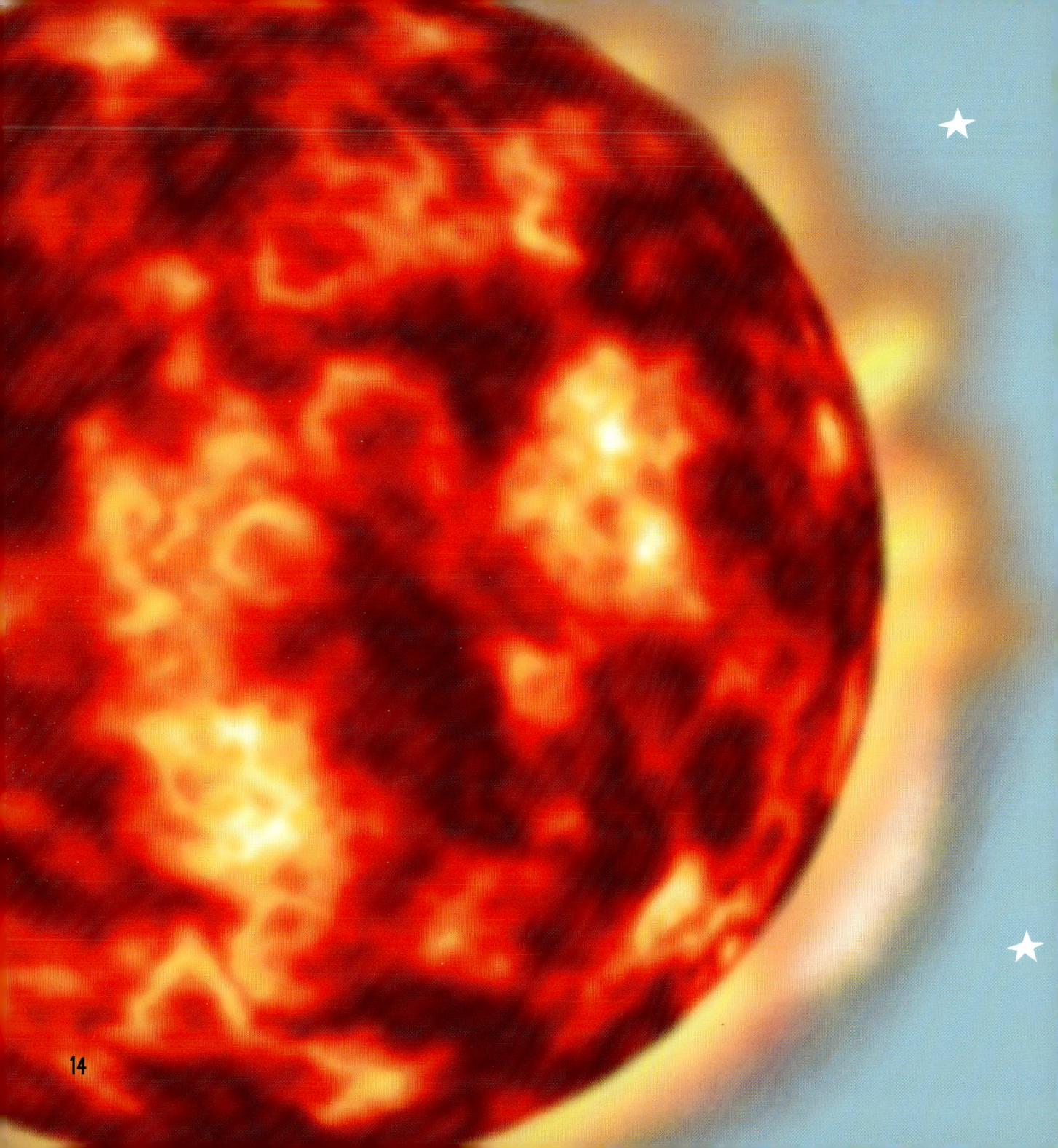

지구는 대략
365와 4분의 1일마다
태양을 한 바퀴 도는
'공전'을 해요.
이것이 지구의 1년이에요.

태양 빛이
지구에 닿기까지
걸리는 시간은
8분 20초예요.

365와 4분의 1은
딱 떨어지는 수가 아니라서
우리는 지구 공전과
우리 달력을 맞추기 위해
보통 4년마다 하루를
윤일로 두고 있답니다.

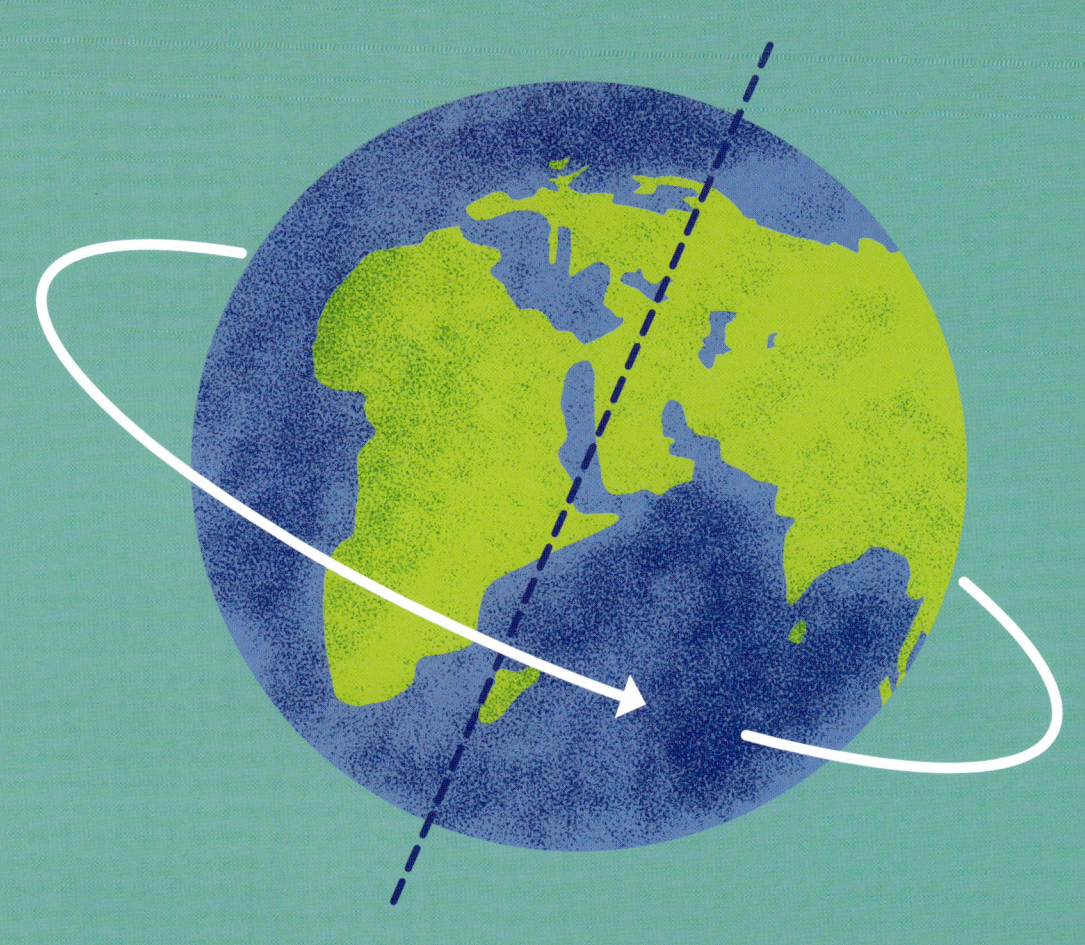

지구는 태양 주위를 도는 동시에
혼자서도 계속 팽이처럼 돌고 있어요.
한 바퀴 도는 데 24시간 걸려요.
하룻밤과 하룻낮이죠.

지구는 정말 빨리 돈답니다.
적도에서 측정하면 시속 약 1670킬로미터로 돌고 있지요.
하지만 우리는 지구가 도는 것을 느끼지 못해요.
우리가 지구와 함께 돌고 있고,
속도가 일정하기 때문이에요.

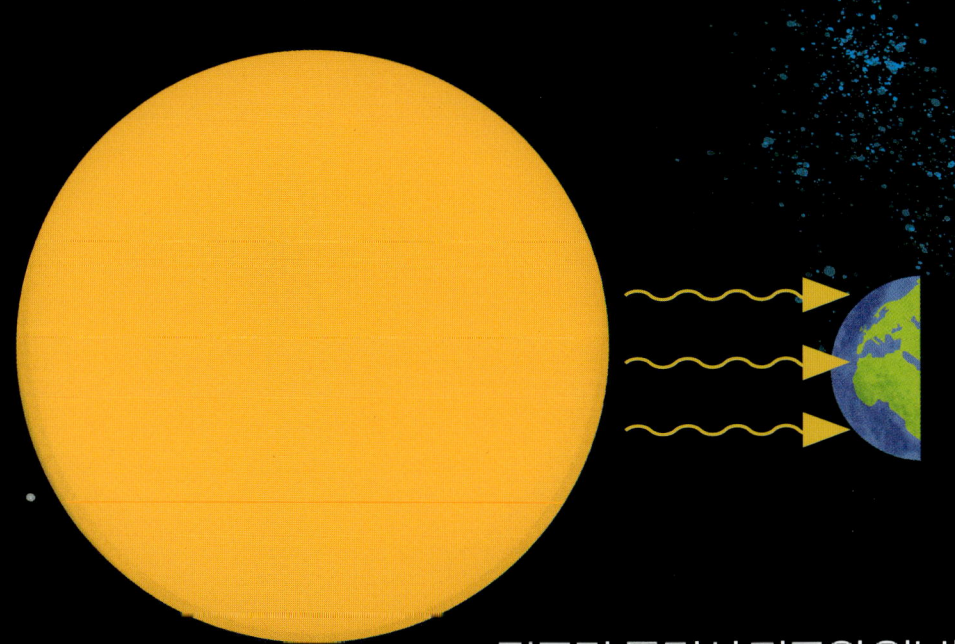

지구가 돌면서 지구의 일부분은
태양을 마주 보게 되는데,
그때 그곳은 낮이 돼요.
그때 태양과 마주 보지 않는
다른 부분은 밤이 되죠.

공룡이 지구에 살던 시절,
지구는 더 빨리 돌았어요!
6500만 년쯤 전에는
하루가 지금보다 짧았고
1년에 더 여러 번 돌았어요.
달의 인력이 지구의 자전을
아주 조금씩 느리게 만들고 있답니다.

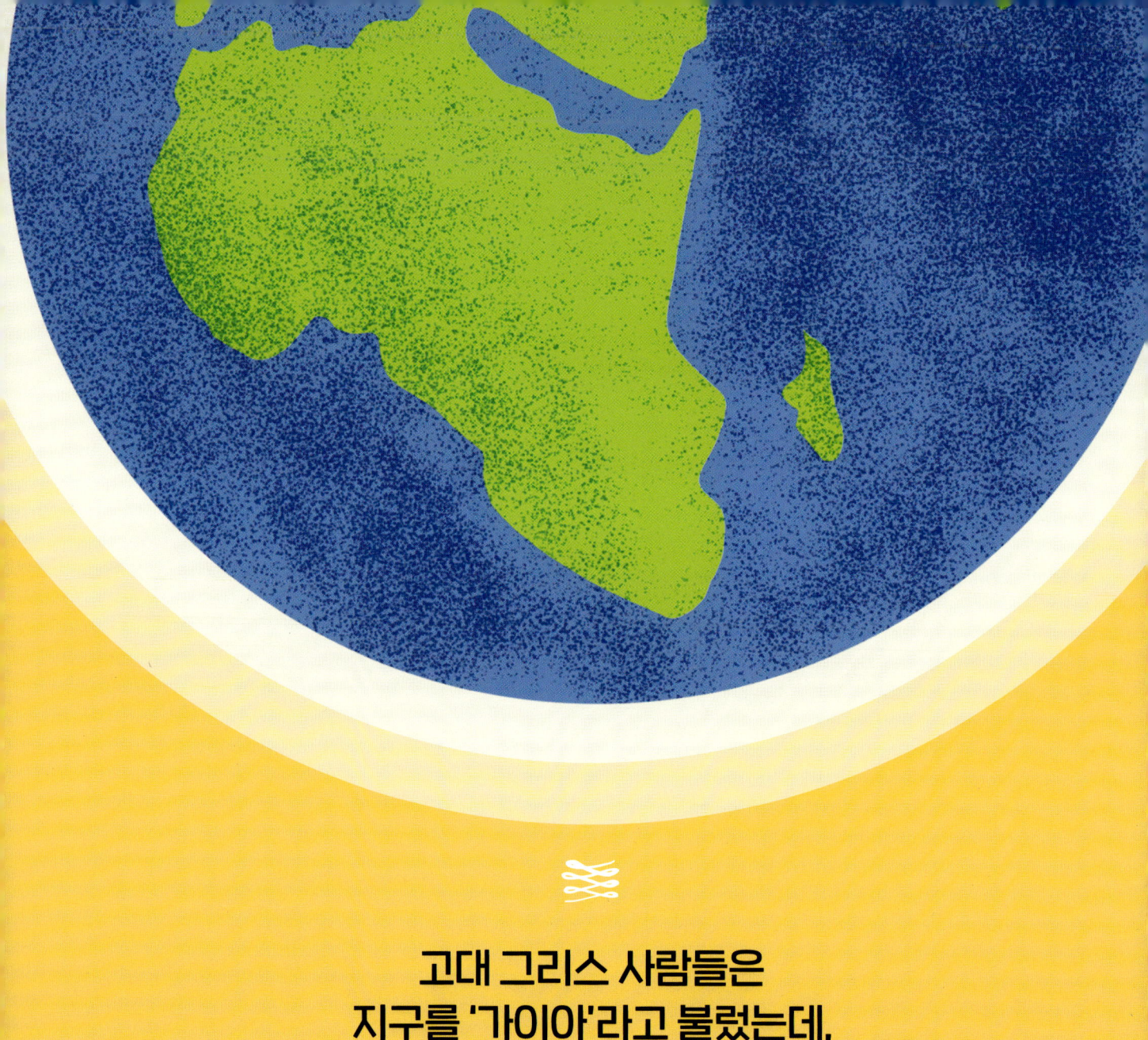

고대 그리스 사람들은
지구를 '가이아'라고 불렀는데,
가이아는 '대지의 어머니'라는 뜻이랍니다.

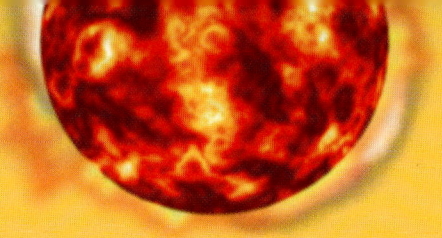

모든 생명체에게는 물이 필요해요.
물이 지구에서 액체 상태로 존재하는 이유는
지구가 태양으로부터 딱 적절한 거리만큼 떨어져 있어서
너무 춥거나 너무 덥지 않기 때문이에요.
물은 너무 뜨거우면 증발하고
너무 차가우면 얼어버리니까요.

대기

지구는 '대기'라는
공기층으로 뒤덮여 있어요.
덕분에 강렬한 태양 빛으로부터
보호받고 있지요.
공기는 모든 동물이 숨을 쉬는 데
필요한 산소 같은 기체들로
이루어져 있어요.

우리가 아는 한,
지구는 생명체가 존재하는 유일한 장소예요.
과학자들은 오래전 화성 표면에
액체 상태의 물이 있었다는 증거를 발견했어요.
그러니 생명이 있었을지도 모르죠.
과학자들은 목성의 위성인 유로파나
토성의 위성인 타이탄에서
생명의 흔적을 찾아내려 애쓰고 있어요.

지구의 맨 위와 맨 아래를
북극과 남극이라고 해요.
지구 중간에는 적도라는
상상의 선이 있어요.
적도를 기준으로
위쪽 절반은 북반구,
아래쪽 절반은 남반구라고 불러요.

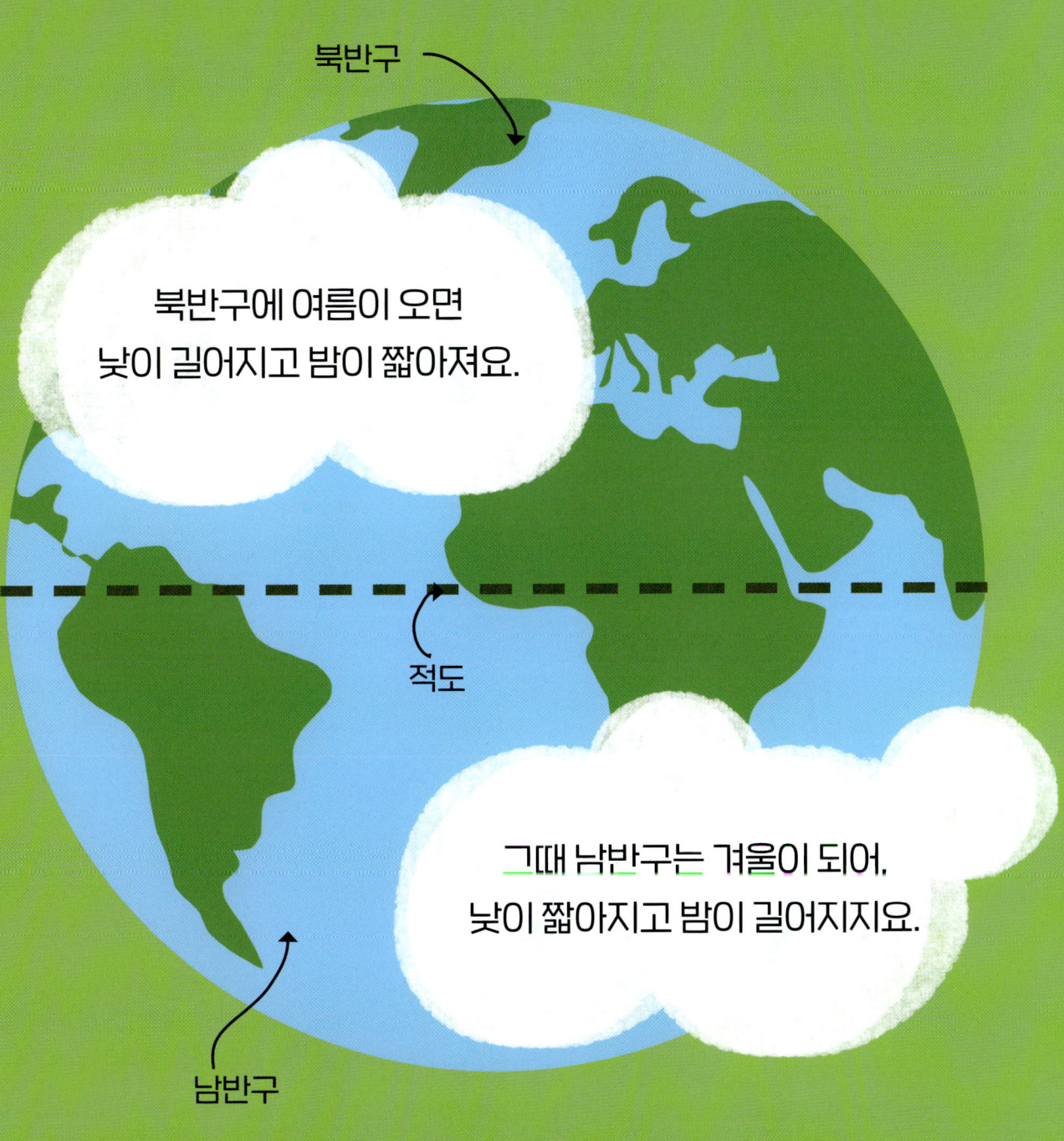

지구 속 들여다보기

Inside Earth

지구 표면은
최고 60킬로미터 두께의
바위투성이 층인
지각으로 되어 있어요.

바위가 겉으로 드러나 있는 곳도 많지만,
흙이나 식물로 가려지거나 바다 밑에 있어서
보이지 않는 곳도 많아요.

지각

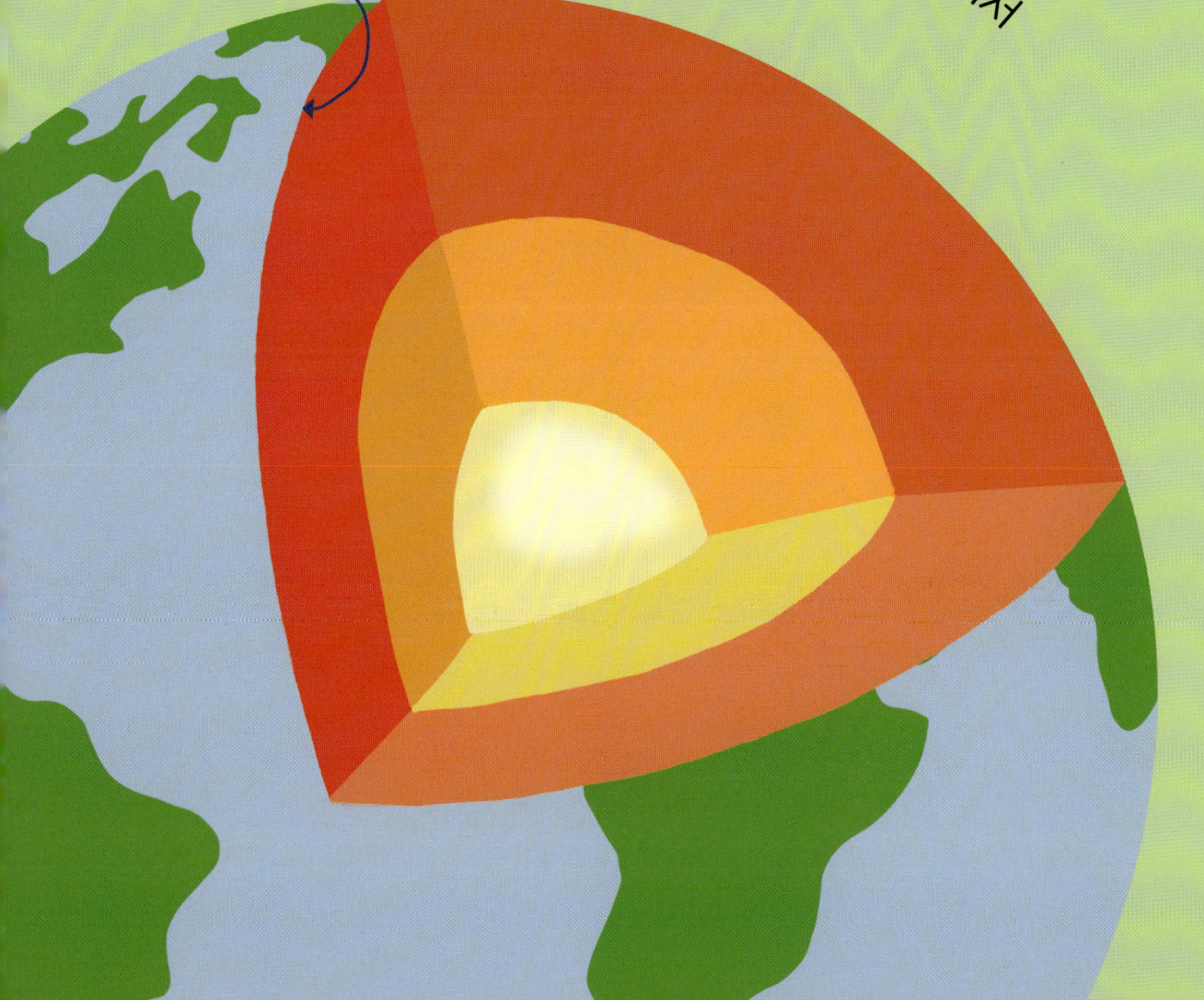

지각 아래에는 맨틀이 있어요.
엄청나게 뜨겁고 단단한 바위층이죠.
그 아래에는 녹은 외핵이 있고
그 아래에는 단단한 금속 내핵이 있어요.
내핵은 믿지 못할 만큼 뜨거운데,
무려 섭씨 6000도나 된답니다.
태양 표면만큼 뜨겁죠.

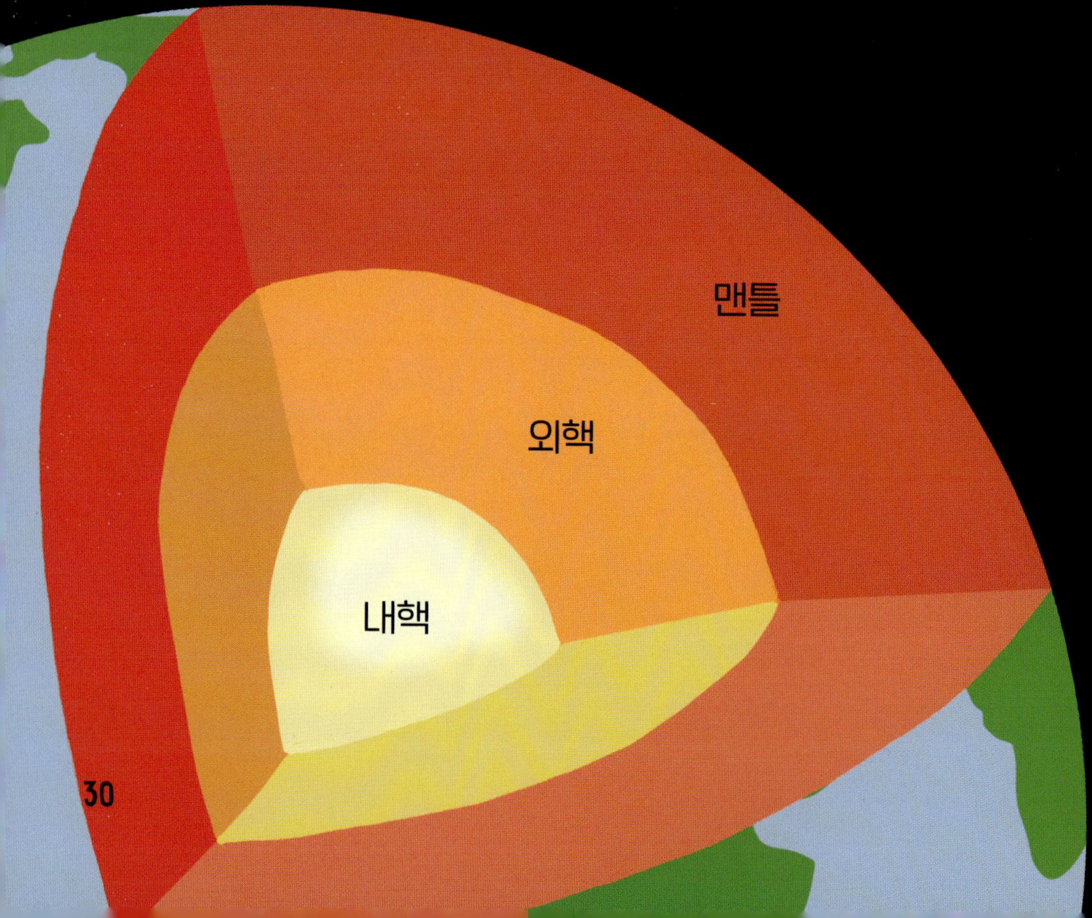

맨틀

외핵

내핵

지구의 핵은
주로 철로 되어 있어요.
커다란 자석처럼요.

지구 전체를 보면, 대략 3분의 1은 철이고,
산소는 3분의 1에 조금 못 미쳐요.
그리고 실리콘과 마그네슘이 아주 많고,
다른 물질들이 조금 있지요.

지구의 바위는
크게 세 종류로
나뉘어요.

화성암은
용암(불처럼
엄청나게 뜨거운
녹은 바위)이
지각의 틈으로
새어 나와
식어서 만들어졌어요.

퇴적암은
작은 바위 조각이나
바다 생물 조각과
모래와 진흙이
물속에 쌓여서 생겼어요.
수백만 년에 걸쳐
한데 쌓이고
뭉개져서
바위층이
된 거예요.

변성암은
처음에는 종류가
다른 바위였는데
엄청난 열
또는 압력을 받아
성질이 변해서
만들어졌어요.

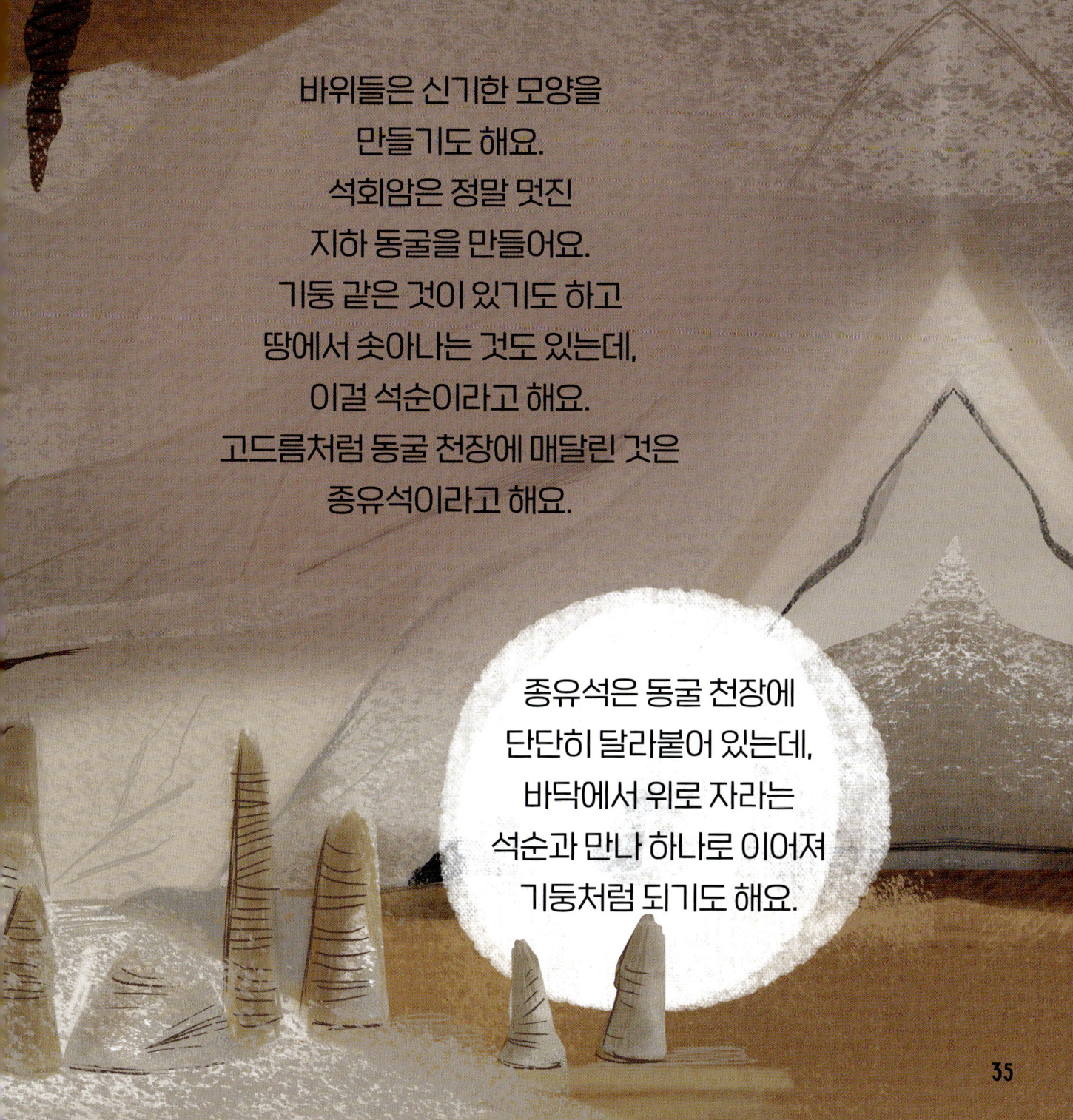

바위들은 신기한 모양을
만들기도 해요.
석회암은 정말 멋진
지하 동굴을 만들어요.
기둥 같은 것이 있기도 하고
땅에서 솟아나는 것도 있는데,
이걸 석순이라고 해요.
고드름처럼 동굴 천장에 매달린 것은
종유석이라고 해요.

종유석은 동굴 천장에
단단히 달라붙어 있는데,
바닥에서 위로 자라는
석순과 만나 하나로 이어져
기둥처럼 되기도 해요.

바위 중에는
우주에서 온 것도 있어요!
우주의 바윗덩어리나 금속이
지구에 떨어진 것을 운석이라고 해요.
나미비아의 호바 운석은
지금까지 발견된 운석 중 가장 크답니다.
무게는 약 60톤으로,
코끼리 열 마리와 맞먹어요!

바위는
광물로 이루어져 있어요.
광물 중에는 작은 알갱이나 결정들이
규칙적인 모양을 이루어
한데 뭉친 것들도 있어요.

원석은 깎고 다듬어서
보석을 만들 수 있는
희귀한 광물이에요.
원석은 온갖
다양한 색깔을 띠지요.

빨간색	루비, 석류석, 벽옥, 홍옥수
오렌지색	오렌지색 황수정, 오렌지색 토파즈
노란색	노란 황수정, 노란 토파즈, 노란 다이아몬드
녹색	에메랄드, 녹주석, 옥
파란색	사파이어, 아콰마린, 터키석, 청금석
보라색	자수정
분홍색	장미석영, 분홍 사파이어, 분홍 다이아몬드
흰색	다이아몬드
검은색	흑마노, 흑요석

지구에는 활화산이 1900곳 정도 있어요.

화산은 뜨거운 기체와 녹은 바위가
지구 깊은 곳에서
표면으로 터져 나오면서
지구의 지각에 난 구멍이에요.

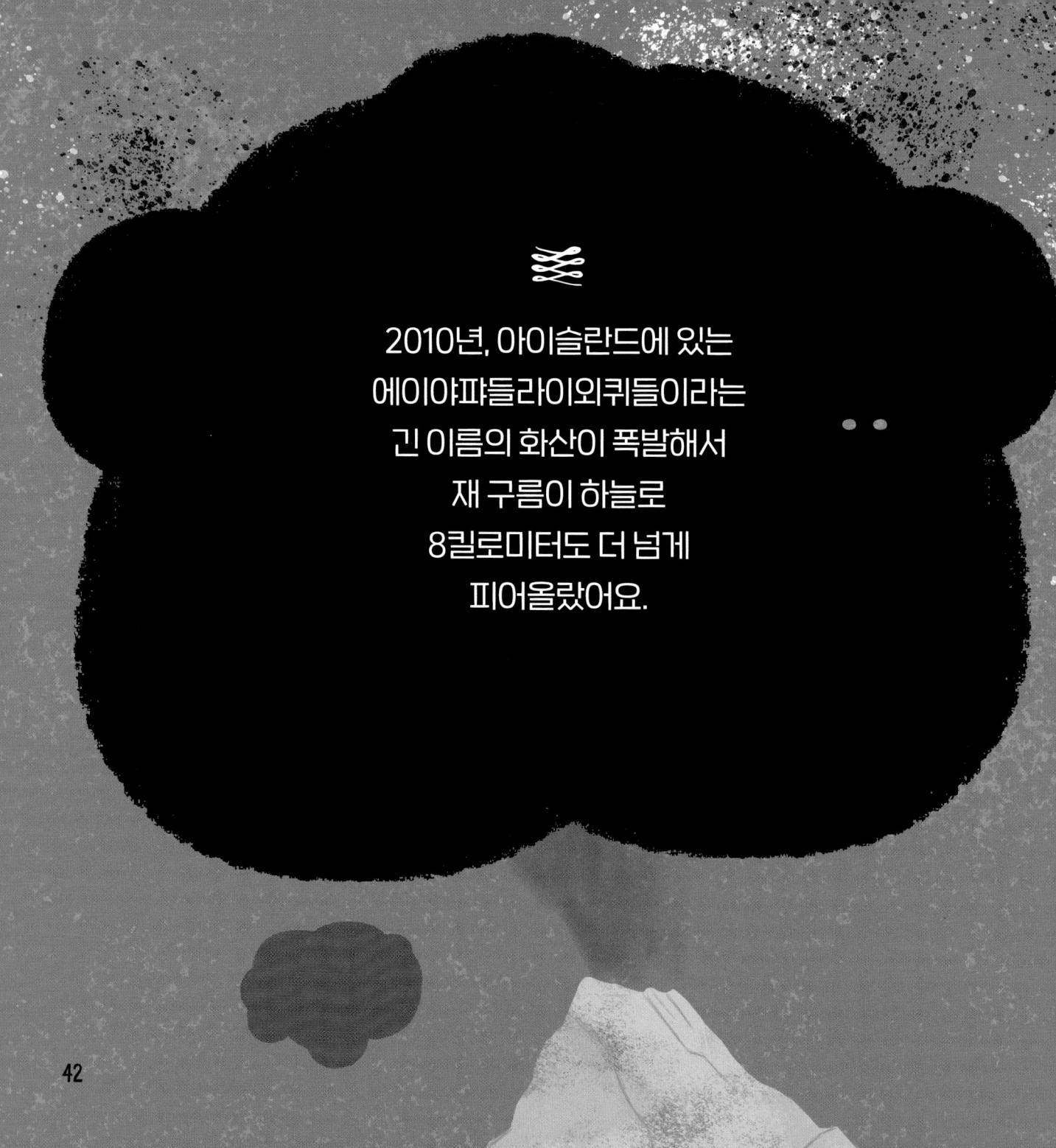

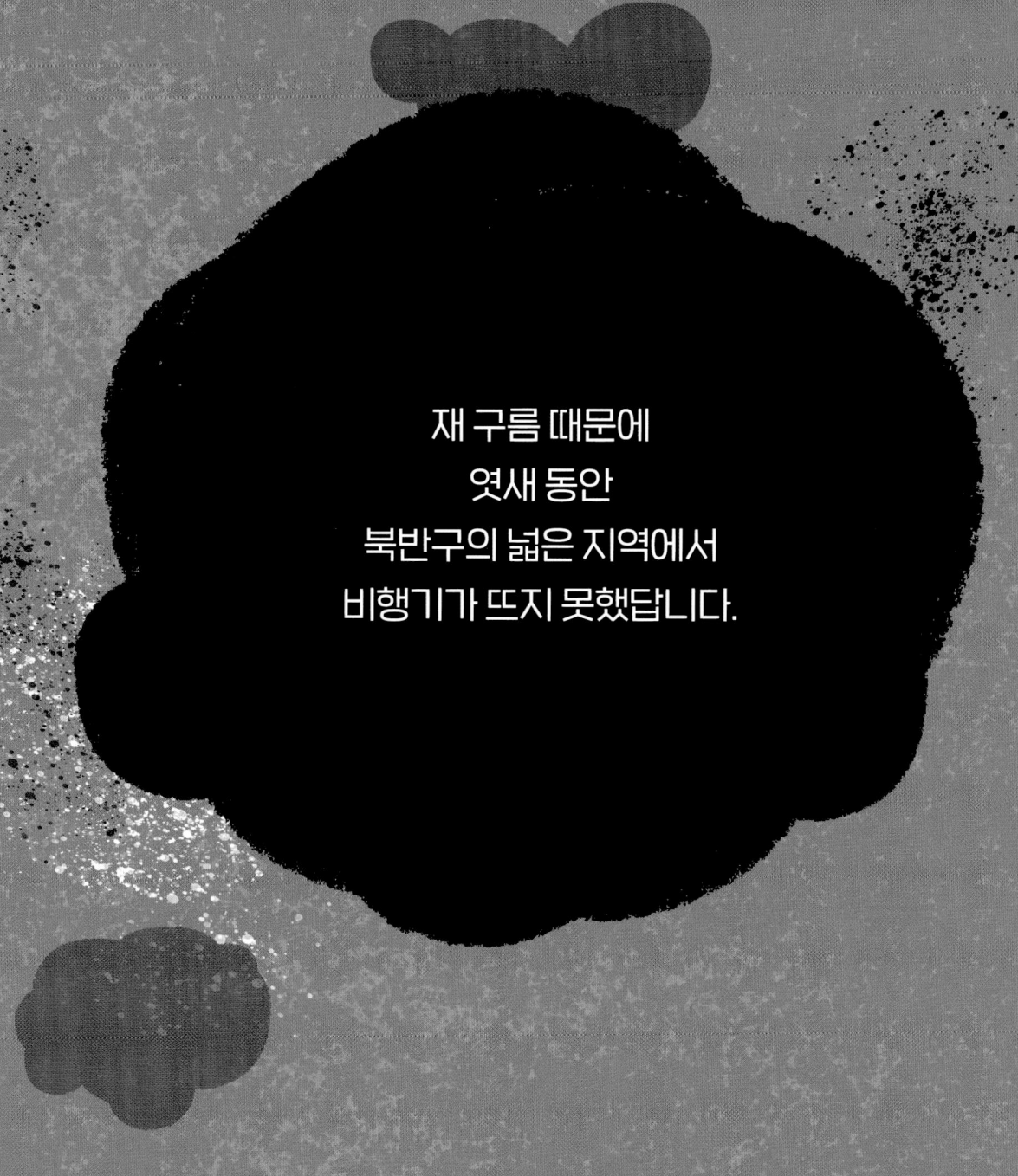

재 구름 때문에
엿새 동안
북반구의 넓은 지역에서
비행기가 뜨지 못했답니다.

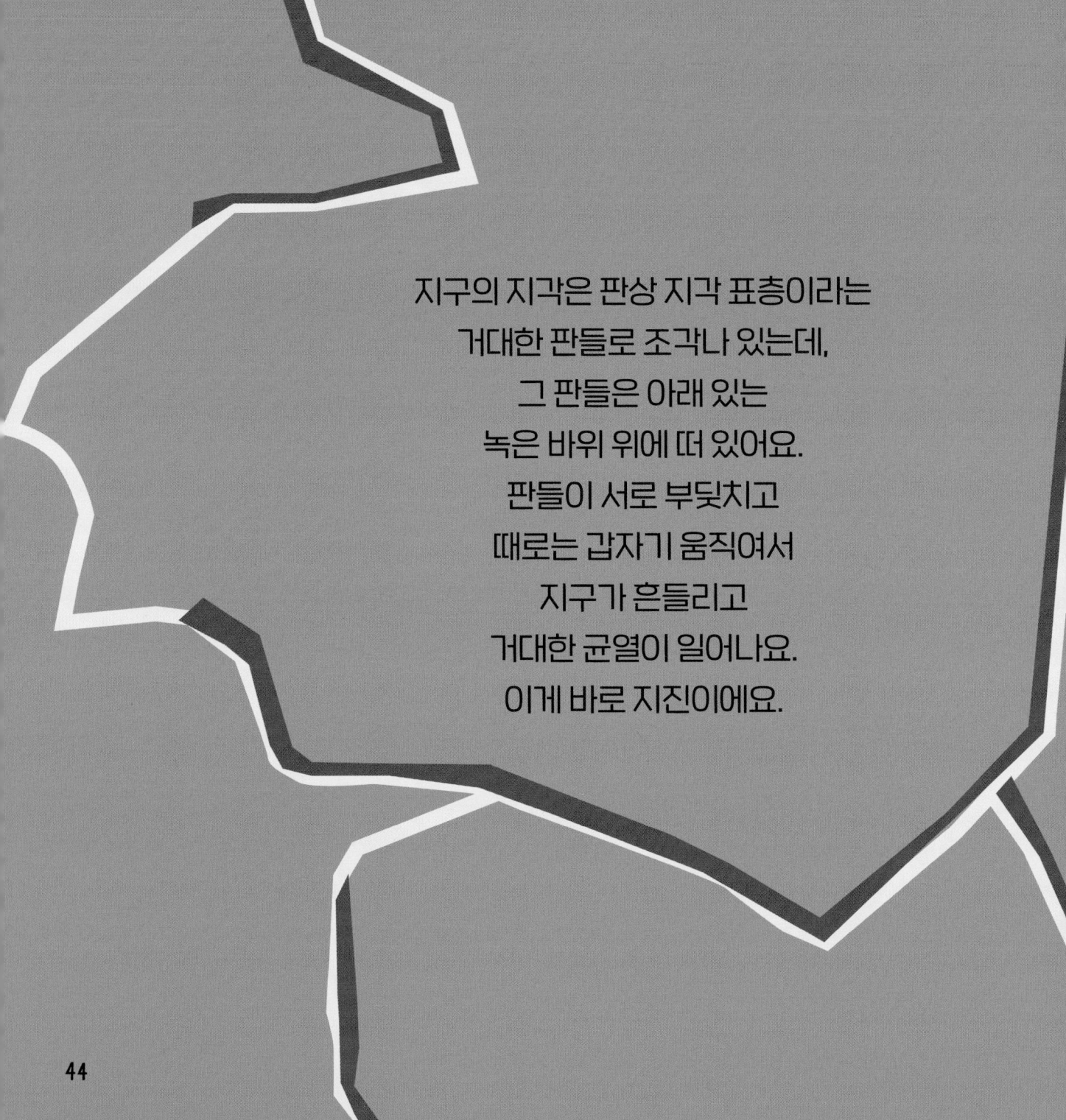

지진은 해마다 수백만 번이나 일어나요!
그중 17번 정도는 대형 지진으로 분류돼요.
지진은 대부분 중국, 인도네시아, 이란, 터키,
그리고 일본에서 일어나요.

지진이 일어났을 때 무너지지 않고
흔들리도록 만들어진 건물도 있어요.
튀르키예(옛날에는 터키라고 불렀어요)의
한 공항은 전체가 그렇게 지어졌어요.
물론 건물을 이렇게 지으려면
돈이 많이 들어요.

지진에 관한 놀라운 사실 세 가지

미국 캘리포니아주 샌프란시스코와 로스앤젤레스는 서로 다른 판상 지각 표층 위에 있어요. 그래서 1년에 5센티미터 속도로 서로에게 다가가고 있답니다.

2015년에 일어난 지진 때문에
세계에서 가장 높은 산인
에베레스트산의 높이는
2.5센티미터 줄어들었어요.
그 이후 다시 더 커졌고요.

지진이 일어나기 전,
수많은 동물이 미세한 움직임과
진동을 감지하고
안전한 곳으로 도망쳐요.
2004년 스리랑카에서
심각한 지진이 일어나자
코끼리들은
더 높은 곳으로 도망쳤어요.

화석은 오래전에 죽은
식물과 동물의 잔해가
바위에 남은 것을 말해요.

나선형 모양이 멋진 암모나이트 화석은
대표적인 중생대 화석이에요.
달팽이처럼 생긴 암모나이트는
4억 1900만 년에서 6600만 년 전 사이에
지구에 살았던, 오징어와 문어의 친척인
바다 생물이에요.

암모나이트 껍데기는
여러 칸으로 나뉘어 있어요.
살아 있었을 때,
암모나이트는 자라면서
계속 조금 더 큰
새로운 칸을 만들었어요.

석탄이나 석유를
화석 연료라고 해요.
수백만 년 동안 한데 뭉쳐 있던
선사시대 동식물의 화석으로
만들어졌기 때문이에요.
우리는 석탄과 석유를 얻으려고
땅속을 파헤치지요.
화석 연료를 태우면
에너지가 많이 발생하지만
공기가 오염되고 지구가 더워져요.

풍력발전용 터빈

녹색 에너지의 원천 몇 가지
(화석 연료는 없음!)

1. 풍력-풍력발전용 터빈
2. 수력-댐, 물레방아, 해상 터빈
3. 태양열-태양 전지판
4. 지열 발전-일부 지역에서는 땅속에 있는 마그마의 열을 이용해 물을 데우고 발전기를 돌려서 전력을 만들어요.

태양 전지판

물과 날씨

Water and Weather

지구는 '푸른 행성'이라고도 불러요.
물로 가득하기 때문이죠.
지구 표면의 3분의 2는
물로 덮여 있어요.

아폴로 17호의 우주비행사들은
1972년 우주에서
지구 사진을 찍었어요.
우주에서 본 지구는
아름다운 파란 구슬처럼 보여요.

지구의 물은
거의 대부분 바닷물로,
짠물이에요.

대양은 아주 커다란 바다를 말해요.
크게 다섯 개로 나뉘지요.

1. 대서양
2. 태평양
3. 북극해
4. 인도양
5. 남극해

대양보다 작지만
그래도 규모가 큰 바다로
지중해, 카리브해,
북해 같은 곳이
있어요.

~

지구의 물 중
민물은 아주 적어요.
강물과 개울, 그리고 민물 호수는
그중 4분의 1도 안 돼요.
나머지는 빙하와 극빙,
또는 지하 토양에 갇혀 있거나
대기를 떠다닌답니다.

~

대기에 떠다니는 물의 일부는
수증기라는 기체 형태를 띠고 있어요.

우리도
물로 되어 있어요!
인간 어른 몸의
5분의 3은 물이에요.

물과 공기,
그리고 태양이 어우러져
날씨를 만들어요.
태양열로 공기가 데워지면서
지구 전체의 공기가 순환되지요.
따뜻한 공기는 위로 올라가고
차가워진 공기가
그 빈자리로 밀려들어요.

이렇게 공기가
움직이는 게 바람이에요.
올라가고 가라앉고
몰아치고 소용돌이치죠.
바람에 하늘의 구름이
움직이기도 해요.

바람은 대양도 움직이게 만들어요.
약한 바람은 작은 파도를,
강한 바람은 높고 세고
때로는 위험한 파도를 만들지요.

공기는 항상 우리 주위를 휩쓸며
움직이고 있어요.
제트류는 대기 높은 곳에서
긴 거리를 움직이는
거대한 바람의 흐름이에요.
폭풍이 몰아치는 것도
제트기류 때문이지요.

거센 바람에 관한
세 가지 무서운 사실

1. 열대성 태풍은 엄청나게 강해서 속도가 시속 119킬로미터도 넘어요.

2. 거센 바람은 발생하는 지역에 따라 허리케인, 사이클론, 태풍으로 불려요.

3. 미국 공군에는 바람을 사냥하는 '허리케인 헌터'가 있어요. 이들은 허리케인의 심장부로 곧장 비행기를 몰아요. 허리케인이 어디로 얼마나 빨리 가고 있는지 알아내려고요.

물이 지구 표면과
대기 사이를
계속 오가며 변화하는 것을
물의 순환이라고 해요.

2. 식물도 수증기를 내뿜어요.
이것 역시 공기에 섞이지요.

1. 지구 표면의
물(강, 호수, 대양)이
햇빛에 뜨거워져
수증기로 증발해
공기에 섞여요.

3. 차 공기가 있는 높은 하늘로 올라간 수증기는 식어서 물방울이 돼요. 이들이 한데 모여 구름이 만들어지지요.

4. 구름이 커지고 물방울이 무거워지면 비와 우박, 진눈깨비, 그리고 눈이 되어 하늘에서 떨어져요.

5. 물은 개울이나 강으로 흘러 들어가거나 땅에 스며들어 다시 강과 호수, 대양으로 가요.

여러분이 마시는 물은
옛날에 공룡이 마셨던
물일 수도 있어요!
물은 순환되면서
40억 년 동안이나
지구를 돌아다니고 있거든요!

열대우림에서는
가장 높은 나무 꼭대기에서
숲 바닥으로 물방울이 떨어지기까지
10분이나 걸리기도 해요.

구름으로 떠다니던 물방울 하나가
땅에 떨어지기까지는
10일 정도 걸린답니다.

지구에서 가장
비가 많이 오는 곳은
인도 메갈라야주
모신람이에요.
매년 평균 강우량이
11미터나 되지요.

오스트레일리아 입스위치에는
비가 하도 많이 내려서
도시가 물에 잠기고
상어가 길거리를 헤엄쳐
다니기도 했답니다.

대양의 물을 움직이게 만드는 게
바람만은 아니에요.
조수도 있어요.
조수는 달과 태양이
지구를 끌어당겨서 일어나지요.

바다에서 조수는
하루에 두 번 들어왔다 나가요.
밀물 때는 물이 깊어지고
해변을 대부분 뒤덮지요.
썰물 때는 물이 얕아지고
해변이 다시 드러나요.

밀물과 썰물 때 깊이 차이가
가장 심한 곳은
캐나다 노바스코샤의
펀디만으로,
평균 16미터나
차이가 난답니다.

플라스틱은
바다를 오염시키는
정말 심각한 문제예요.
우리가 버리는 플라스틱은
강으로 흘러가서
대양에 이르러요.
야생동물을 병들게 하거나
움직이지 못하고
목이 졸리게 만들지요.

태평양의
거대 쓰레기 지대는
해류에 떠밀려 간
플라스틱 쓰레기가
쌓여 있는
거대한 지역
두 곳을 말해요.

땅과 바다

Land and Sea

지구 표면은
대륙이라고 부르는
일곱 개의 커다란 땅덩이로
이루어져 있어요.

2억 5000만 년 전에는
대륙들이 모두 한 덩어리로 붙어서
판게아라는 초대륙을 이뤘어요.
수백만 년 동안
지구의 판상 지각 표층들이
서로 멀어지면서
오늘날 우리가 아는
일곱 대륙으로 나뉘었답니다.

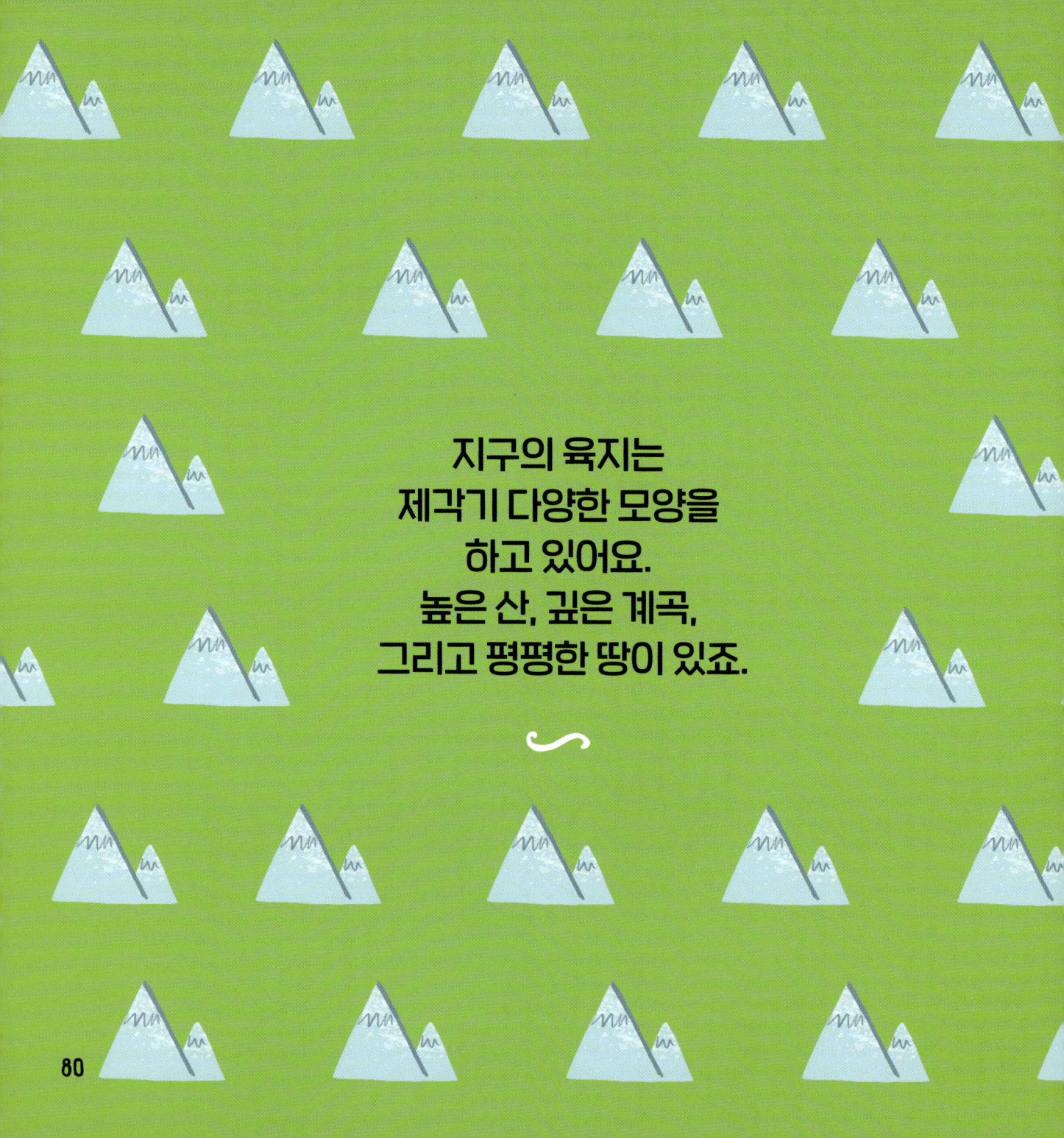

지구의 육지는
제각기 다양한 모양을
하고 있어요.
높은 산, 깊은 계곡,
그리고 평평한 땅이 있죠.

어떤 산들은
지구의 판상 지각 표층이
서로 충돌해 밀려 올라가면서
거대한 바위 봉우리가 되어 만들어졌어요.

이렇게 되기까지는
수백만 년이 걸렸지요.

화산 폭발로
산이 만들어지기도 해요.
지구의 지각 틈새로
터져 나온 용암이
반구 모양으로 식은 거죠.

세계에서 가장 높은 산 열 개는
모두 히말라야에 있어요.
히말라야는 인도, 파키스탄,
아프가니스탄, 중국, 부탄,
그리고 네팔에 걸쳐 뻗어 있는
거대한 산맥이에요.

에베레스트산

각 대륙에서 가장 높은 산늘은
다음과 같아요.

아시아: 에베레스트산 8849미터
남아메리카: 아콩카과산 6961미터
아프리카: 킬리만자로산 5895미터
유럽: 옐브루스산 5642미터
남극: 빈슨 산괴 4892미터
오스트레일리아: 모슨 피크 2745미터

물속에도
산이
있답니다.

바닷속에는
에베레스트산보다
더 높은 산도 있어요.
미국 하와이의
마우나케아산 꼭대기는
해발 4200미터지만
바다 아래로 6000미터나 뻗어 있어서
전체적으로 1만 킬로미터가 넘지요.

산은 사람들이
살기 좋은 환경이 아니에요.
어떤 산꼭대기는
1년 내내 눈으로 덮여 있고,
너무 추워서 나무도 자라지 못해요.
높이 올라갈수록
공기가 희박해져서
동물과 사람이 숨 쉴
산소가 부족하지요.

남아메리카 안데스산맥의 라마는
체온을 지켜주는 두꺼운 털과
공기가 희박해도
산소가 부족해지지 않는
특별한 피를 가지고 있어요.

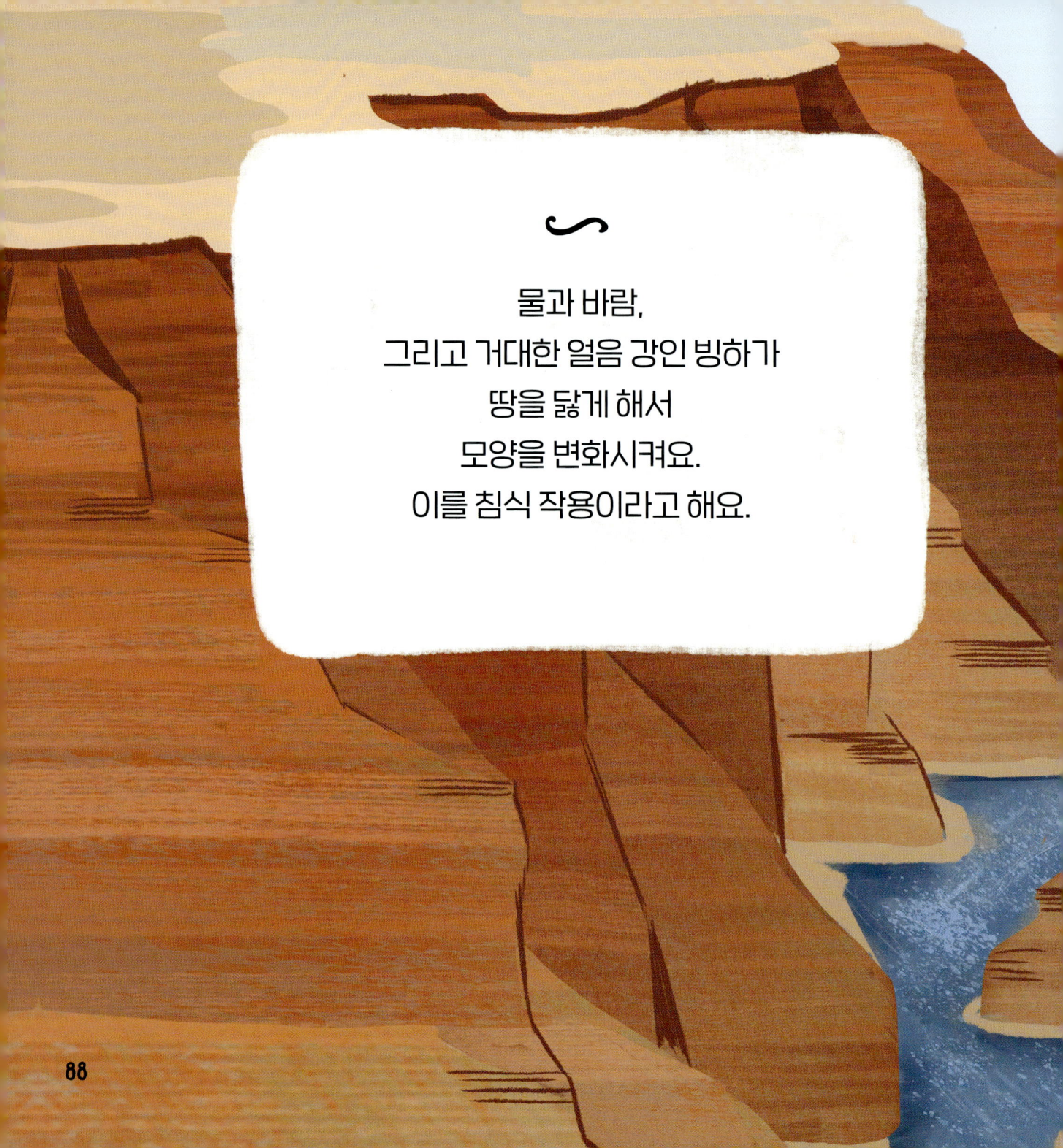

물과 바람,
그리고 거대한 얼음 강인 빙하가
땅을 닳게 해서
모양을 변화시켜요.
이를 침식 작용이라고 해요.

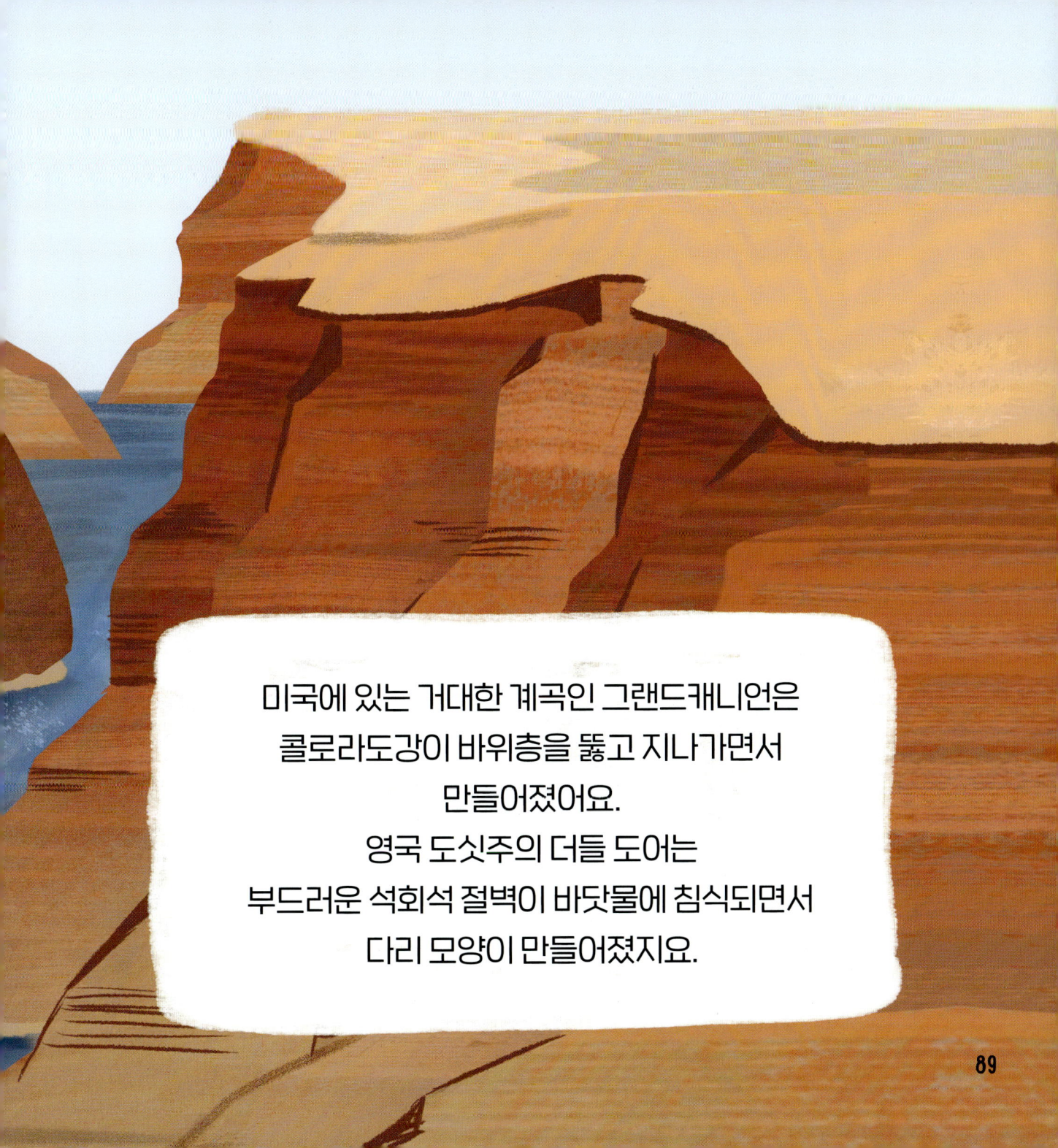

미국에 있는 거대한 계곡인 그랜드캐니언은
콜로라도강이 바위층을 뚫고 지나가면서
만들어졌어요.
영국 도싯주의 더들 도어는
부드러운 석회석 절벽이 바닷물에 침식되면서
다리 모양이 만들어졌지요.

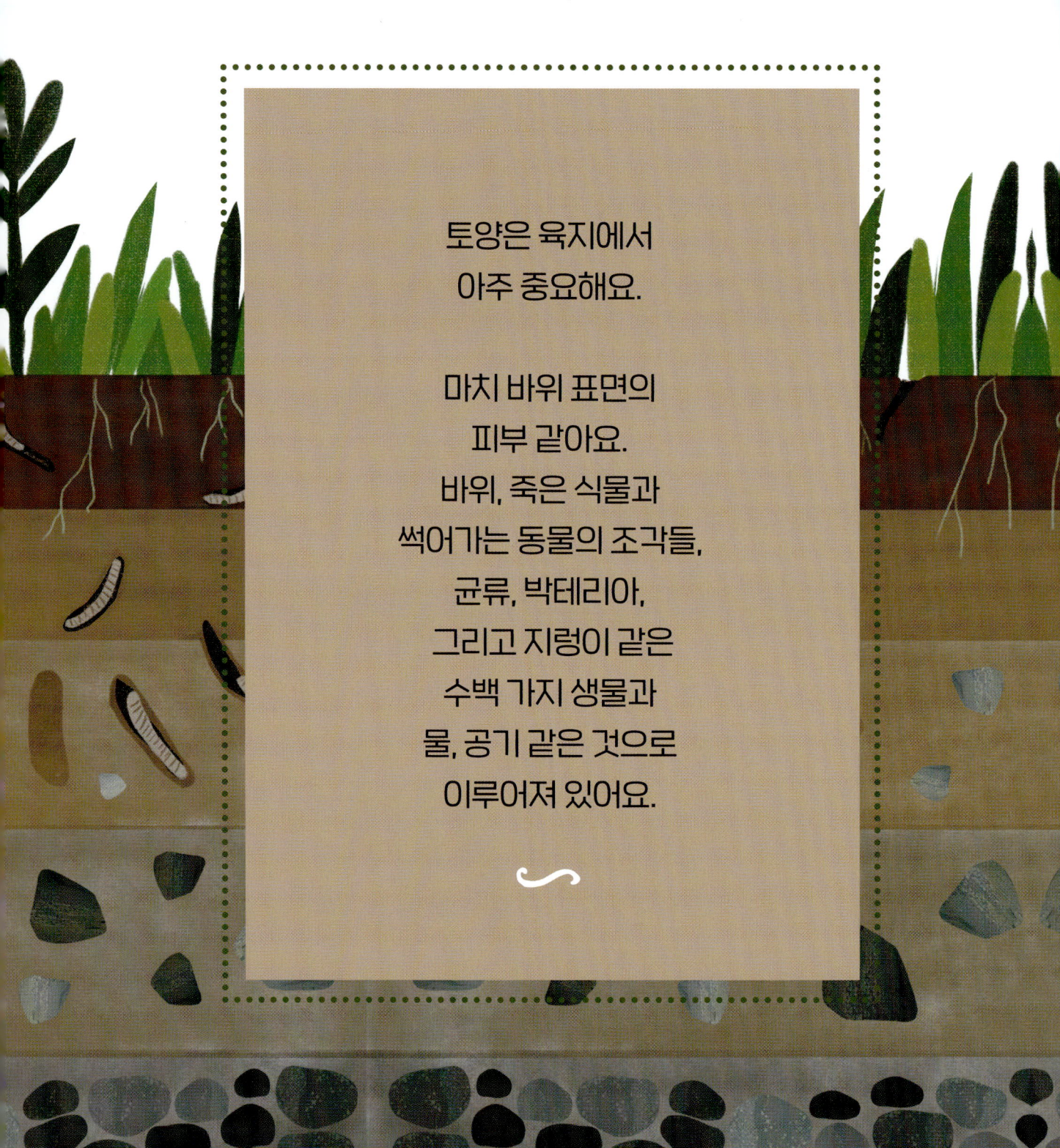

토양은 육지에서
아주 중요해요.

마치 바위 표면의
피부 같아요.
바위, 죽은 식물과
썩어가는 동물의 조각들,
균류, 박테리아,
그리고 지렁이 같은
수백 가지 생물과
물, 공기 같은 것으로
이루어져 있어요.

해안은 육지와 바다가 만나는 곳이에요.

해안에서 눈여겨봐야 할 지형들

세계에서 가장 큰 섬들은
다음과 같아요.

1. 그린란드(덴마크)
2. 뉴기니(파푸아뉴기니와 인도네시아)
3. 보르네오(인도네시아, 말레이시아와 브루나이)
4. 마다가스카르(마다가스카르)
5. 배핀섬(캐나다)
6. 수마트라(인도네시아)
7. 혼슈(일본)
8. 빅토리아섬(캐나다)
9. 그레이트 브리튼섬(영국)
10. 엘즈미어섬(캐나다)

동굴

바닷가

대양은
얼마나 깊을까요?

~

지구에서 가장 깊은 곳은
태평양에 있는 깊은 계곡인
마리아나 해구랍니다.
깊이가 무려 11킬로미터나 돼요.
에펠탑을 세로로 34개나 쌓은 것과
비슷한 깊이지요!

깊은 대양 밑바닥은
달 표면보다 더 신비로워요.
그곳에 가 본 사람은
아주 드물답니다.
탐사도 거의 이루어지지 않았어요.

지구 표면은 깊은 대양,
높은 봉우리, 강, 사막, 빙하,
그리고 평원처럼
다양한 모양으로
이루어져 있어요.
지구에서 그 밖에
다양한 것으로
기후가 있지요.

기후는 어떤 지역에서 나타나는
일정한 날씨예요.
날씨는 하루하루 변하기도 하지만
오랜 세월에 걸쳐 변하기도 해요.
기후에 영향을 미치는
중요한 요인으로
적도와의 거리가 있어요.
육지의 높이와 모양,
그리고 대양 역시
큰 영향을 미치지요.

세계의 기후는
급격하게 변하고 있어요.

인간이 하는 일들이 그 원인이에요.
화석 연료를 태우면
대기에 이산화탄소를 비롯한
'온실가스'를 올려보내서
태양열을 가두고
지구를 더 뜨겁게 만들어요.

세계적인 기온 상승을
'지구 온난화'라고 부르는데,
지구 온난화는 정말 나쁜 소식이에요.
남극과 북극의 얼음이 녹고
해수면이 높아지거든요.
바다가 더워지면
플랑크톤을 비롯한 여러 생물이 죽어 버려요.

많은 서식지에 문제가 생겨서
생물들이 살기 어려워지지요.
또 폭풍, 가뭄, 그리고 홍수가
더 자주 일어나게 만들어요.

지구의 생명체들
Life on Earth

거대한 흰긴수염고래와
높디높고 거대한 세쿼이아 나무,
작은 동식물과
너무 작아서 눈에 보이지 않는 박테리아까지
지구에는 90억 종에 이르는
생물이 살고 있어요.

지구에는 34억 년 전부터
생물이 살고 있었어요!

최초의 생물은 박테리아였어요.
단순한 식물은
5억 년쯤 전에 처음 나타났고,
인류는 250만 년 동안 존재했어요.

생물의 종류

1. 동물
2. 식물
3. 균류
4. 박테리아, 조류(해초 같은)와 수많은 미세한 생물을 포함한 나머지 모두

식물

생물이 존재하는 장소의 유형을
서식지라고 불러요.
좋은 서식지는
생물이 살기에 필요한
모든 조건을 갖추고 있어요.

갈라파고스
분홍 이구아나

어떤 생물들은
아주 특수한 서식지에서만 살 수 있어요.
갈라파고스 분홍 이구아나는
오로지 갈라파고스섬의 한 화산에서만 살아요.

다른 생물들은 지구의 넓은 지역에 있는
다양한 서식지에 흩어져 살아요.
붉은여우는 전 세계 많은 지역의
숲, 초원, 사막, 산, 농지,
심지어 도시에도 살고 있어요.

열대우림은 1년 내내 덥고
비가 오는 지역의 숲이에요.
이곳에는 거의 매일 비가 온답니다!
열대우림에는 수백만 종의
다양한 동식물이 살고 있어요.
심지어 우리가 아직 발견하지 못한
동식물도 있답니다.

아마존 열대우림에는 나무가 4000억 그루나 있어요!

오스트레일리아 열대우림에 피는 꽃들 중 5분의 4는 오직 그곳에서만 볼 수 있어요.

사바나는 아프리카에 있는 초원이에요.
풀은 영양, 기린, 얼룩말과
물소를 포함한
수많은 대형 동물들에게
풍부한 식량을 제공하지요.
동물들은 신선하고 수분이 많은
싱싱한 풀과 녹색 이파리를 찾아
이곳저곳 떠돌아다녀요.
그러면 사자, 표범, 악어 같은 동물들은
풀을 먹는 동물들을
사냥하려고 쫓아간답니다.

코끼리를 비롯한 거대한 동물들이
먹이를 찾아 자유롭게 떠돌며 살아가려면
아주 넓은 지역이 필요해요.
그런데 안타깝게도
사바나가 파괴되고 있어요.
사람들이 농사를 짓고, 도시를 만들고,
도로를 개발하면서
점점 사막이 넓어져
동물들이 살 곳을
빼앗기고 있어요.

뜨거운 사막은
아주 건조해서
풀과 나무가 거의 없지요.
낮에는 아주 덥고
밤에는 아주 추워요.
동식물이 살아가기
어려운 환경이에요.

사막여우는 사막에 살아요.
선선한 밤이 되면 밖으로 나오는데,
귀가 밝아서 1미터 떨어진 곳의
모래 위를 기어가는 딱정벌레 소리도
들을 수 있답니다.
하지만 커다란 귀는
듣는 기능이 전부가 아니에요.
귀로 열을 발산해서 체온을 시원하게
유지할 수 있답니다.

극지방은
지구에서 동식물이
가장 살기 힘든 서식지예요.
겨울이면 기온이
영하 10도까지 떨어져요.
겨울에는 낮이 겨우
몇 시간밖에 안 된답니다.

범고래

지구의 북쪽 끝을 북극이라고 해요.
북극해와 그것을 둘러싼 땅을 말해요.

지구의 남쪽 끝을 남극이라고 해요.
남극 대륙과 그것을 둘러싼 대양을 말해요.

차가운 극해는 생명으로 가득해요.
고래, 바다표범, 범고래,
펭귄뿐만 아니라
물고기와 플랑크톤들이 있어요.
플랑크톤은 너무 작아서
눈에 보이지 않는 동식물로,
더 큰 동물들의 먹이가 돼요.

북극에 사는 동물들 중에는
바다코끼리, 하프물범,
벨루가 고래, 북극곰,
사향소, 순록 등이 있어요.
각자 추위를 견디는
영리한 방법을 가지고 있지요.

순록은 숨을 들이쉴 때
공기를 데워 주는 신기한 코가 있어서,
폐에 차가운 공기가
그대로 들어가지 않게 해 준답니다.

남극에는 펭귄 여덟 종과
얼룩무늬물범과
앨버트로스가 살아요.

극제비갈매기는
매년 북극에서
남극을 오가며
살아요.

대양은
세계에서 가장 큰
서식지예요.
2만 종이 넘는
물고기가 살고 있어요.

대양에는 수많은 다양한 서식지가 있어요.
산호초는 거대하고 다양한 동물들에게
살 곳을 제공하는
물속의 다채로운 숲과 같아요.
깊은 바다는 어둡고 추워요.
어둠 속에서 빛을 내는 아귀 같은
무척 신기하게 생긴 생물들의 집이죠.

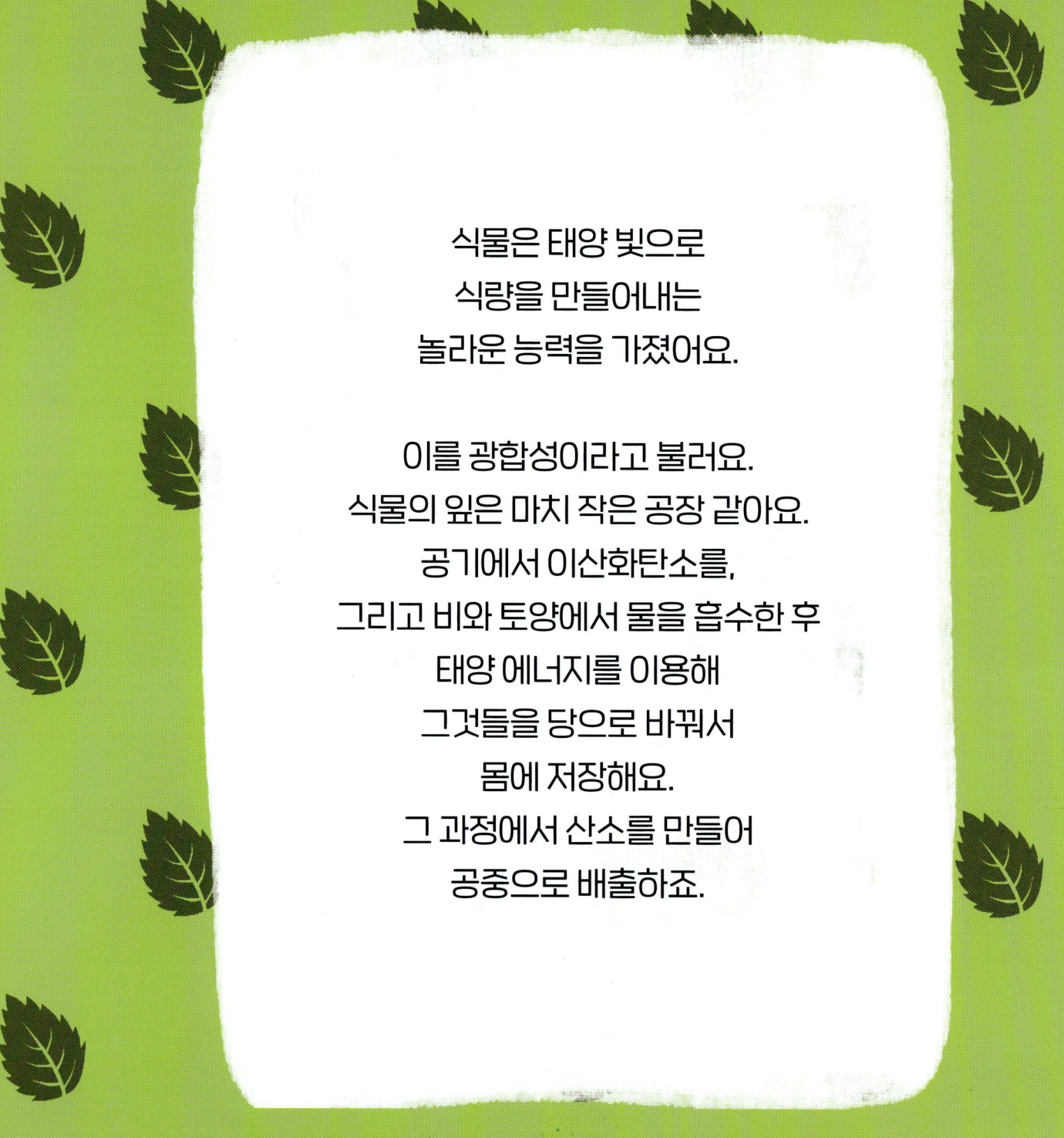

식물은 태양 빛으로
식량을 만들어내는
놀라운 능력을 가졌어요.

이를 광합성이라고 불러요.
식물의 잎은 마치 작은 공장 같아요.
공기에서 이산화탄소를,
그리고 비와 토양에서 물을 흡수한 후
태양 에너지를 이용해
그것들을 당으로 바꿔서
몸에 저장해요.
그 과정에서 산소를 만들어
공중으로 배출하죠.

모든 동물은 식물에 의지해 살고 있어요.
동물은 식물이 만든 산소로
호흡하고 식물을 먹어요.
또는 식물을 먹는 동물을 먹어요.
그렇게 생명은
다른 생명에 의존해서
살아간답니다.

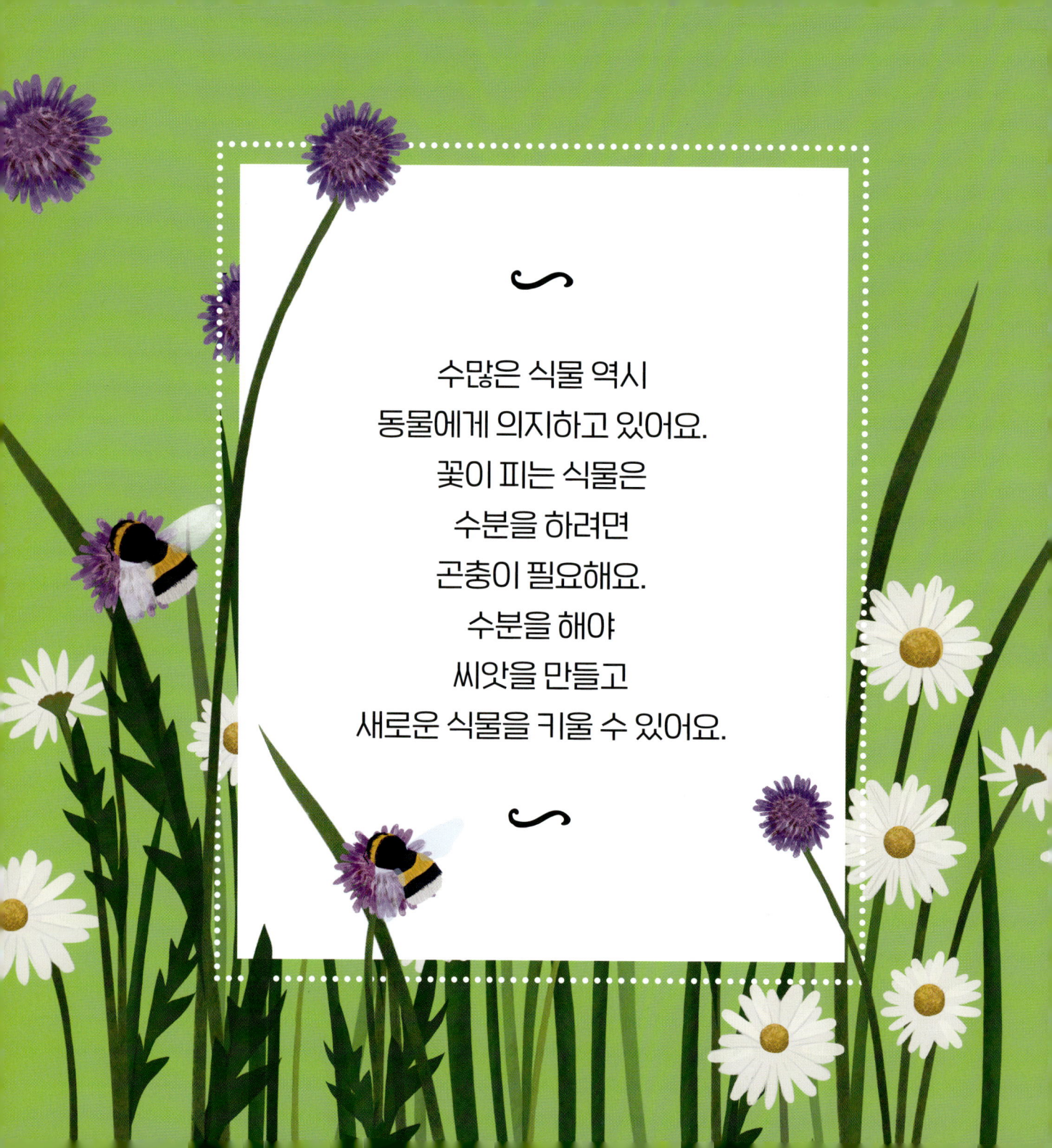

수많은 식물 역시
동물에게 의지하고 있어요.
꽃이 피는 식물은
수분을 하려면
곤충이 필요해요.
수분을 해야
씨앗을 만들고
새로운 식물을 키울 수 있어요.

꽃가루를 옮겨주는 중요한 곤충 여섯 종류

1. 벌
2. 개미
3. 꽃등에
4. 나비
5. 나방
6. 딱정벌레

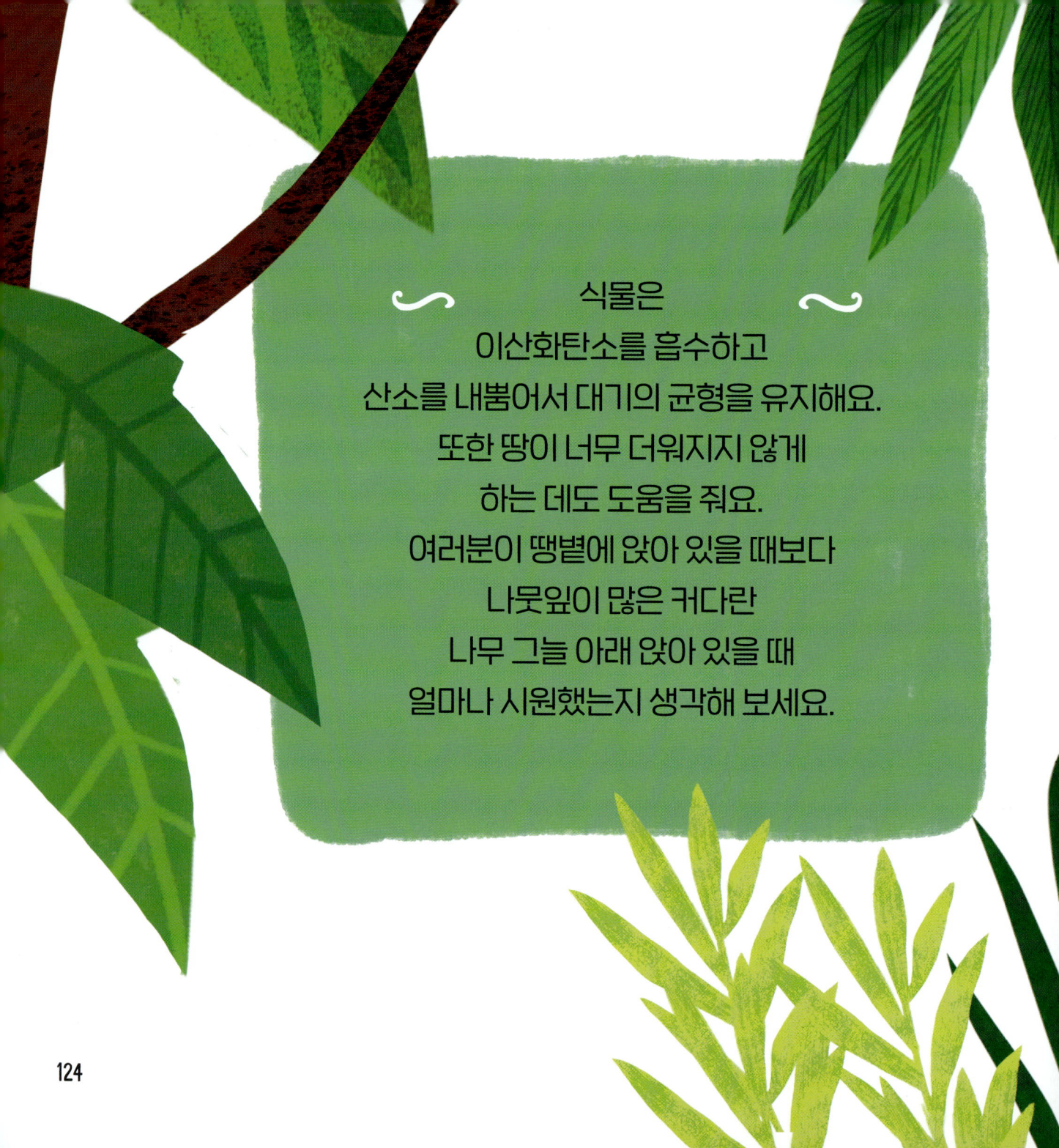

식물은
이산화탄소를 흡수하고
산소를 내뿜어서 대기의 균형을 유지해요.
또한 땅이 너무 더워지지 않게
하는 데도 도움을 줘요.
여러분이 땡볕에 앉아 있을 때보다
나뭇잎이 많은 커다란
나무 그늘 아래 앉아 있을 때
얼마나 시원했는지 생각해 보세요.

지구에서 만들어지는
산소의 절반 이상은
대양에 사는
식물 플랑크톤이
만들어요.
3분의 1은
열대우림에서
만들어지지요.

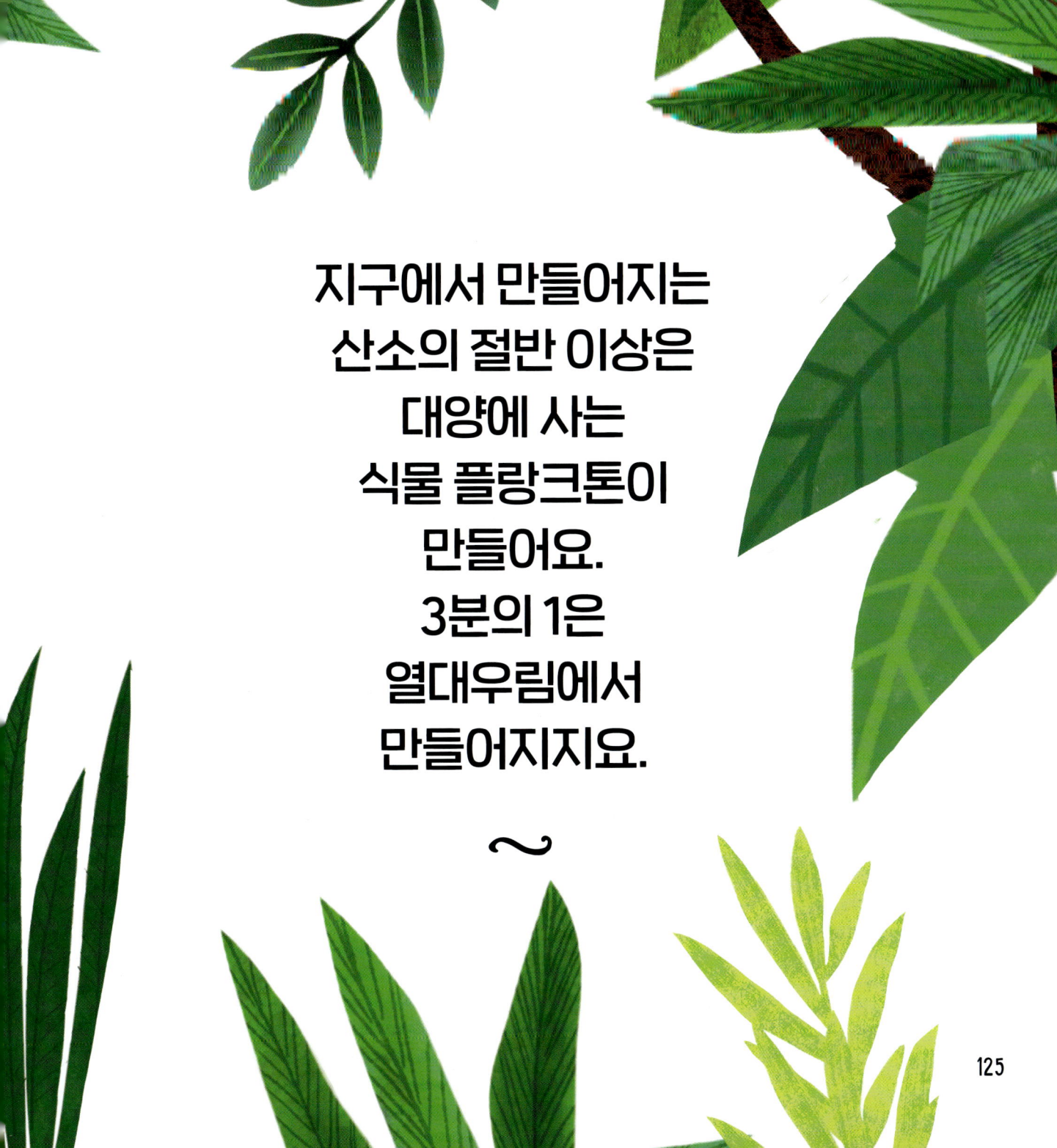

우리 행성의 사람들

People on our Planet

지구 행성에는
78억 명이 넘는
사람들이 살고 있어요.

우리는 먹을 음식, 마실 물,
숨 쉴 공기, 집을 지을 원료 같은,
사는 데 필요한 모든 것을
지구에서 얻고 있어요.
이 모든 자원은
아주 귀중하기 때문에
우리는 지구를 망치거나
자원을 다 써 버리지 않도록
잘 보살펴야 해요.

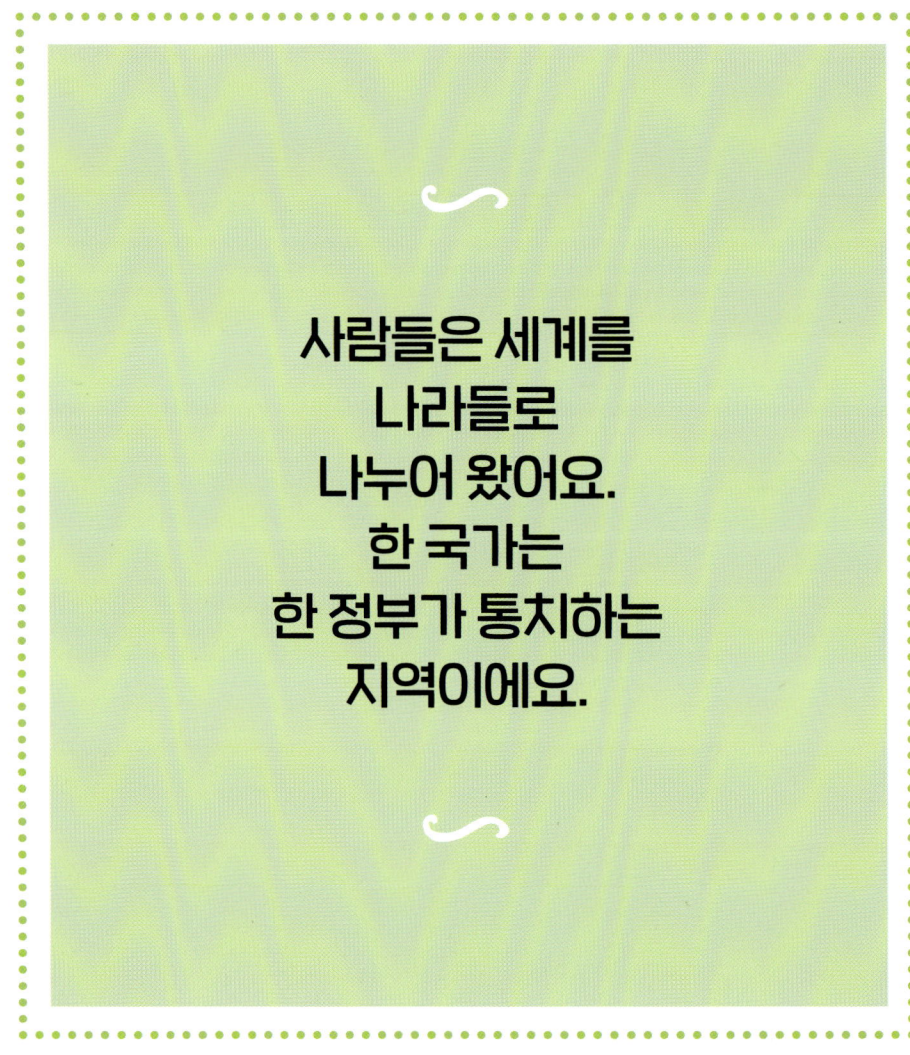

사람들은 세계를
나라들로
나누어 왔어요.
한 국가는
한 정부가 통치하는
지역이에요.

세계에는 195개 국가가 있어요.
가장 큰 나라는 러시아이고,
1700만 제곱킬로미터 정도를 차지해요.
가장 작은 나라는 바티칸시국이고
면적은 44만 제곱미터 정도예요.

인구가
가장 많은
나라들
(어림잡아)

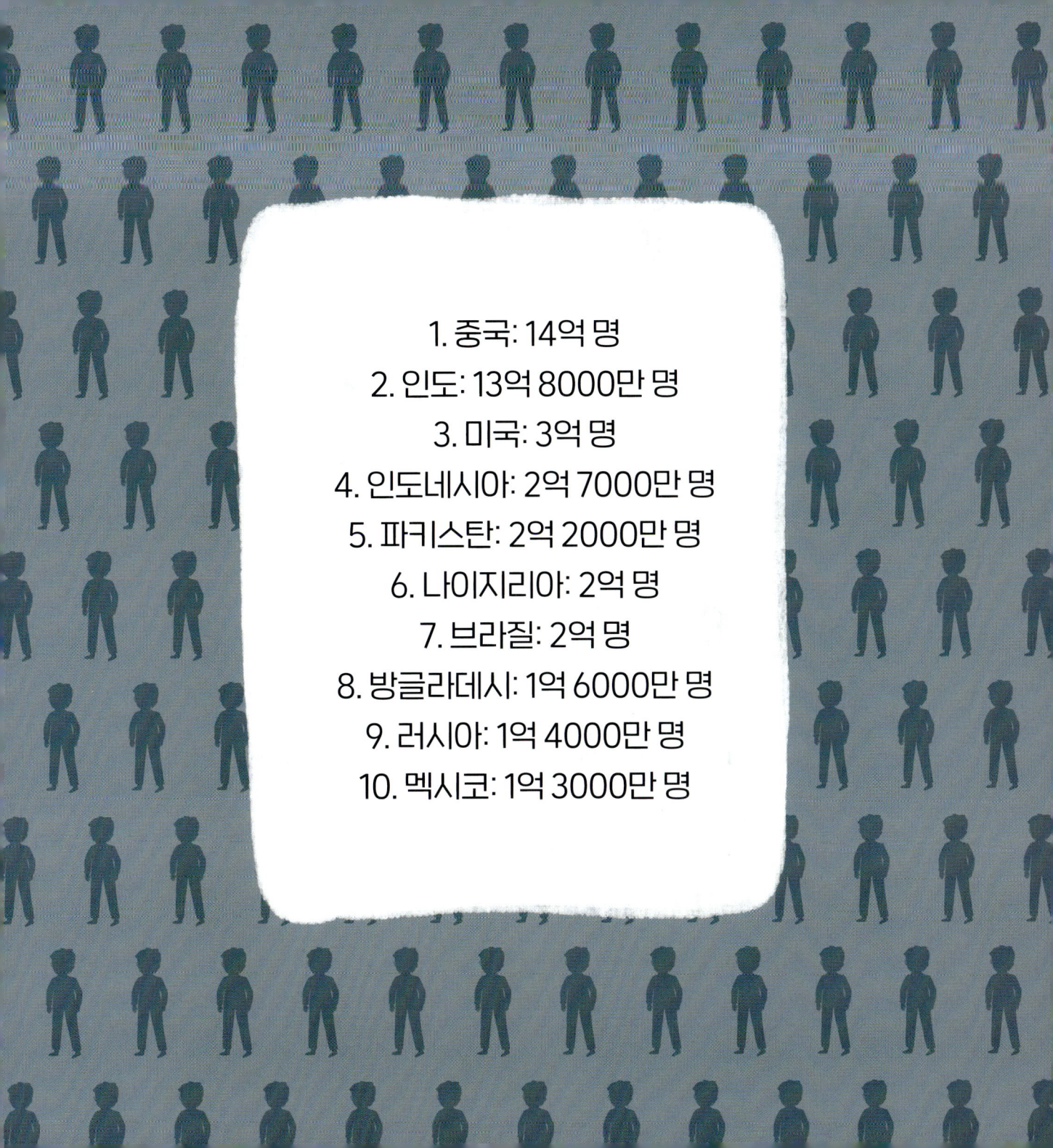

1. 중국: 14억 명
2. 인도: 13억 8000만 명
3. 미국: 3억 명
4. 인도네시아: 2억 7000만 명
5. 파키스탄: 2억 2000만 명
6. 나이지리아: 2억 명
7. 브라질: 2억 명
8. 방글라데시: 1억 6000만 명
9. 러시아: 1억 4000만 명
10. 멕시코: 1억 3000만 명

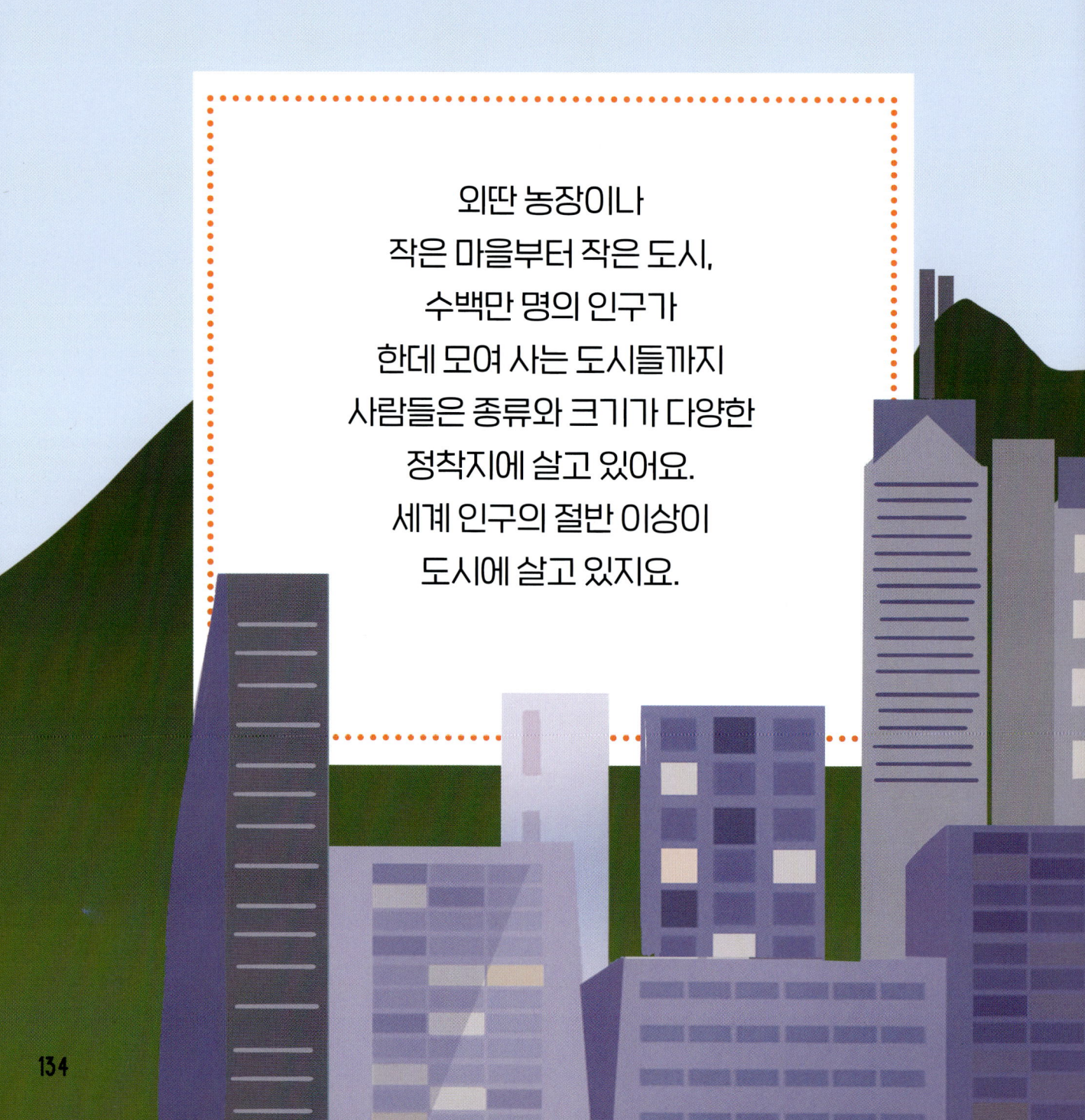

외딴 농장이나
작은 마을부터 작은 도시,
수백만 명의 인구가
한데 모여 사는 도시들까지
사람들은 종류와 크기가 다양한
정착지에 살고 있어요.
세계 인구의 절반 이상이
도시에 살고 있지요.

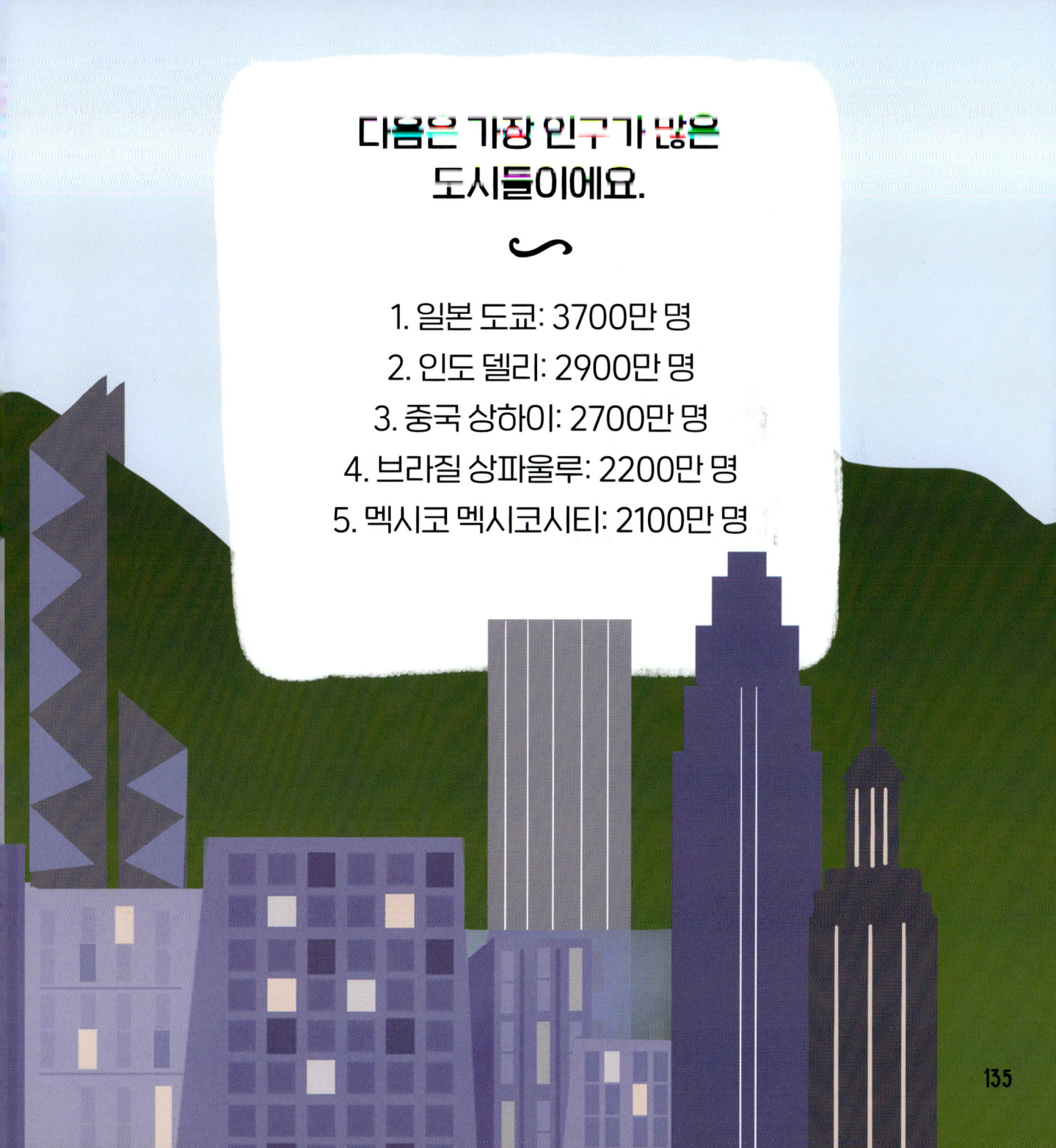

다음은 가장 인구가 많은 도시들이에요.

1. 일본 도쿄: 3700만 명
2. 인도 델리: 2900만 명
3. 중국 상하이: 2700만 명
4. 브라질 상파울루: 2200만 명
5. 멕시코 멕시코시티: 2100만 명

가장 최근에 세워진 나라는
남수단이고
2011년 독립했어요.
가장 오래된 나라는,
아마 짐작하겠지만
이집트랍니다.

전 세계에서
여자의 이름을 딴 나라는
딱 한 곳뿐이에요.
카리브해에 있는 작은 섬나라, 세인트루시아죠.
시라쿠스의 순교자인 루치아의 이름을 땄는데,
전설에 따르면 프랑스 항해자들이
루치아 기념일에 그 섬에 상륙해서
그렇게 이름을 지었답니다.

남자의 이름을 딴 나라는 약 25곳이에요.
시몬 볼리바르라는 정치 지도자의 이름을 딴 볼리비아,
중국의 첫 황제인 진시황의 이름을 딴 차이나,
그리고 스페인 왕 펠리페 2세의 이름을 딴
필리핀 등이 있지요.

사람들은
놀라운 것들을 만들었어요.
지금으로부터
4000년도 더 전에
사람들은 250킬로미터 멀리까지
돌을 옮기는 방법을 알아내서
스톤헨지를 만들었지요.

웅장한 성당들,
사원들, 다리들
그리고 마천루들을
건설했어요.

전 세계의 사람들은
저마다 살아남고
곡식을 경작하고
가축을 키우고
에너지를 만들어 운송하고
공장과 집에 전력을 대는 법을
알아냈어요.

우리는 이런 여러 가지 일을 하고 있지만,
그 방식이 지속 불가능할 때가 많아요.
지속 불가능이란
우리가 세계의 자원을
다 동나게 만들고 있다는 뜻이에요.
우리는 지구를 해치지 않으면서
살아갈 방법을 찾아야 해요.

우리가
귀중한 지구를
보살피기 위해
할 수 있는
다섯 가지 일

1.
에너지를 아끼고
더 깨끗한 에너지를 쓰기

2.
플라스틱을
덜 사고 덜 쓰고
재사용하고 재활용하기

3.
고기 덜 먹기

4.
나무 심기

5.
꽃가루를 옮겨 주는
곤충을 위한 집 만들기

혹시 누가 알겠어요?
어쩌면 언젠가 여러분이
지구의 문제를 해결하는 데 도움이 될
눈부신 아이디어를 떠올릴지도 몰라요!
여러분은 서식지를 보호하고
지구 온난화를 늦추고
세계를 더 나은 곳으로 만드는 데
도움이 될 법을 만들거나
기술을 발명할 수도 있을 거예요.

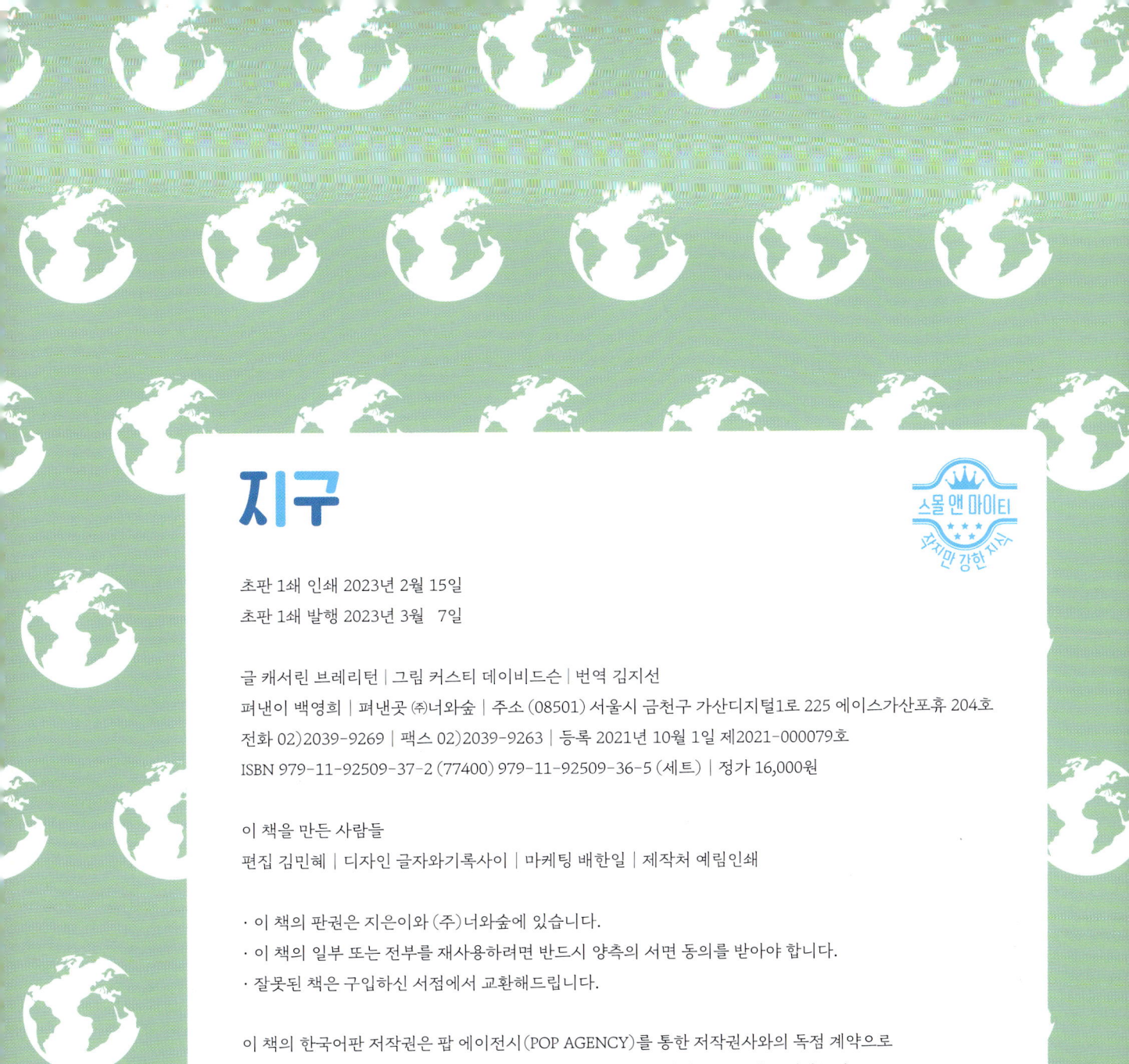

지구

초판 1쇄 인쇄 2023년 2월 15일
초판 1쇄 발행 2023년 3월 7일

글 캐서린 브레리턴 | 그림 커스티 데이비드슨 | 번역 김지선
펴낸이 백영희 | 펴낸곳 ㈜너와숲 | 주소 (08501) 서울시 금천구 가산디지털1로 225 에이스가산포휴 204호
전화 02)2039-9269 | 팩스 02)2039-9263 | 등록 2021년 10월 1일 제2021-000079호
ISBN 979-11-92509-37-2 (77400) 979-11-92509-36-5 (세트) | 정가 16,000원

이 책을 만든 사람들
편집 김민혜 | 디자인 글자와기록사이 | 마케팅 배한일 | 제작처 예림인쇄

· 이 책의 판권은 지은이와 ㈜너와숲에 있습니다.
· 이 책의 일부 또는 전부를 재사용하려면 반드시 양측의 서면 동의를 받아야 합니다.
· 잘못된 책은 구입하신 서점에서 교환해드립니다.

이 책의 한국어판 저작권은 팝 에이전시(POP AGENCY)를 통한 저작권사와의 독점 계약으로 너와숲출판사가 소유합니다. 신 저작권법에 의하여 한국 내에서 보호를 받는 저작물이므로 무단전재와 무단복제를 금합니다.

글 캐서린 브레리턴
지금까지 150권이 넘는 어린이 책을 쓰고, 편집했어요. 예술부터 로봇, 우주, 지구, 고고학 등 다양한 주제의 책을 썼습니다. 저서로는 《8살이 알아야 할 놀라운 사실들》,《자연 속의 대단한 곤충들》 등이 있습니다.

그림 커스티 데이비드슨
영국 브라이튼에서 살며, 일러스트레이터이자 캐릭터 디자이너로 다양한 출판사들과 작업을 하고 있습니다. 주로 그림책 삽화 작업을 하고, 오키도 앱 등에서 캐릭터 디자인 작업도 하며, 환경 등의 다양한 프로젝트에 비주얼 디자이너로 작업하기도 했습니다. 그림책을 모으는 것이 취미입니다.

번역 김지선
서강대학교 영문학과를 졸업하고 출판사 편집자를 거쳐 다양하고 흥미로운 이야기를 우리말로 옮기는 일을 하고 있습니다. 옮긴 책으로《리스크: 사라진 소녀들》,《내 이름은 블랙》,《개가 가르쳐 준 삶의 교훈들》,《손바닥 박물관 시리즈》 등이 있습니다.